大コラム 平成思潮

時代変動の核心をつかむ

washida koyata
鷲田小彌太

言視舎

まえがき

1 「過渡」期をどう見るか

明治期（1868～1912）や昭和期（1926～1988）に比べ、一見して、大正期は時期が短いだけでなく、印象も薄いように思える。つまりは橋渡し＝中間＝過渡期といえる。すっきりしない。その通りだが、大正期こそ明治期の課題に「決着」をつけ、昭和期に新しい課題を「手渡」した、決定重要期なのだ。この期の正しい理解抜きに、昭和期の激・変動を直視することはできない。たとえば、大正期に生起した、「デモクラシィ」であり「世界大戦Ⅰ」、そして「国家社会主義」だ。

平成期も過渡期ということができる。昭和期の「決着」であり、新しい次のステージへと鳴らすゴングだ。社会主義国の後始末、「バブル」とともに自民「独裁」政治の崩壊、高度消費資本主義・情報社会への本格始動、グローバリズムの大潮流がはじまった。平成三十年、過ぎてみればあっというまに思えるが、大激動の時代であった。

2 「少子高齢化」、何のその

平成期のなかでわたし（たち）が見誤ったのは、国家（共産党）独裁チャイナの大躍進だ。ポスト平成期においても、日本（人）は、チャイナとアメリカの二国間に挟まれて、翻弄される（だろう）。しかしこれは動かしえない前提なので、この波頭をわたしたちは越えてゆく以外に道はない。溺れるって。なに、明治期の「困難」に比べたら、小さい、小さい。

平成期、日本（人）の論調は、マスコミで顕著だったように、「悲観」論が主流だった。特徴的なのが、「少子高齢化」と「気候変動」への「杞憂」だ。だが「少子高齢化」は、人口「過密」の漸次的「解消」であり、日本は人口問題（少子・高齢化）で世界の最先端を進んでいるのだ。それに気候変動は「四季」が顕著な日本の特徴で、火山（地震）国日本とともに、一大「長所」といえる。不幸の「種」として、騒ぎすぎるに及ばないわけだ。

3 「思潮」は「時代と寝る」こと抜きには成り立たない

「思潮」である。「思想」とどう違うのか？　同じだ。時代思潮（思想）＝the current ideas [thoughts] of the times である。ただし、雑誌『思想』（岩波書店）と『現代思想』（青土社）との違い程度はある。『思想』は雑多な思想（考え）を取り扱うことはあるが、例外としてだ。『現代思想』はヘーゲル哲学を取り上げるが、同時に、「思考」（thought）のジャンルを問わず、雑多な生きた思考（contemporary thought）を精力的にとりあげる。本書が、平成「思想」といわず「思潮」と表した含意である。

以下（1）（2）は、わたしが新聞紙上で連載した「コラム」からなっている。（1）はマスコミ紙、（2）は夕刊紙の地方版だ。連載の実質は、一九八八年から二〇一二年までだが、私的「年表」をつけ、「補」を配することによって、平成思潮全体の内実を観察（傍観 observe）することができうるのでは、という期待をもつ。

だが「コラム」である。書き手は同一人だが、そのときどきの「事例」や「主題」に限定した言説《コメント》の、いわばつぎはぎ《パッチワーク》である。極端や錯誤に導く意見が含まれることを避けるわけにはいかない。誤ることを恐れるなら、「いまを読む」を避けるにしくはない。それに「誤らない」（自分の穴から出ない）は、わたしの流儀ではない。了解願いたい。

（1）は一九八三（昭和63）〜二〇〇〇年（平成12）までの「連載」（毎日・北海道・朝日・東京新聞）のすべて、

（2）は二〇〇〇〜一二年までの「連載」（「日刊ゲンダイ」さっぽろ版）のおよそ4割を含む。

この二五年間、「時代と寝る」スリルをぞんぶんに堪能した。幸運であった。最後に、過疎地に逼塞する筆者を起用し、存分に書かせてくれた編集者諸氏に深甚の意を表したい。（なお書誌データ、人物の肩書等は発表当時のもの。）

2002年＝平成14　＊山崎正和「大躍進の10年」（『朝日新聞』12/30）
2003年＝平成15　欧州連合（EU）誕生（11）
2004年＝平成16　イラク日本人人質事件（4）→「人命か、自衛隊撤退か」
2005年＝平成17　インターネット普及（個人）率70%超
「郵政民営化」選挙で小泉自民「大勝」（9）
＊藤原正彦『国家の品格』（11）＝ローカリズム日本論
2006年＝平成18　安倍自民（→福田→麻生）混迷内閣（9）
2008年＝平成20　リーマンショック、世界同時金融危機（9）

◆EU亀裂と「迷走」民主→「混線」安倍政権

2009年＝平成21　裁判員制度（5）
民主鳩山（→菅→野田）政権誕生（9/16）：「最低でも県外」
2010年＝平成22　尖閣諸島中国漁船衝突事件（9）
2011年＝平成23　東日本大震災（M9.0）巨大津波発生（3/11）福島原発爆発
2012年＝平成24　＊戦後思想のトップランナー＝吉本隆明（「反原発は猿だ！」）死去（3/16）
円相場戦後最高値＝1ドル75円（10）
自民安倍政権奪還（12/26）「アベノミックス」
2013年＝平成25　韓国政・民の反日言・動過激化
2014年＝平成26　朝日新聞＝慰安婦強制連行の記事取り消し（8/5）
2015年＝平成27　トヨタ当期純利益＝2兆円超
平和安全法制（国際平和支援法）可決（9/30）
2016年＝平成28　原油安＝1バーレル28ドル
日本銀行マイナス金利導入（1/29）
イギリスEU離脱（国民投票　6/23）
＊天皇「退位」表明（宮内省　8/8）
トランプ米大統領選勝利（11/9）＝「アメリカン・ファースト」
2017年＝平成29　天皇退位特例法（6）
自民（安倍）総選挙で圧勝（10/10）
2018年＝平成30　ＴＰＰ（環太平洋パートナーシップ）11発進、国会決定（6/13）

平成日本思潮年表

＊この「年表」は、「時代」を読む著者の「道標〔みちしるべ〕」だ。単純を旨とした。標識が多すぎると、時代の主潮が見えなくなる。

◆世紀末＝大変動《グローバリズム》の時代

――昭和天皇崩御、社会主義自壊、バブル崩壊、高度消費資本主義・情報社会へ離陸《テイク・オフ》

1989 年＝平成 1　平成改元（1/8）

1990 年＝平成 2　東西ドイツ統一（10/3）

1991 年＝平成 3　湾岸戦争勃発（1 ～ 2）、ソ連崩壊（12）
「バブル」経済崩壊＝土地・株価の大暴落

1992 年＝平成 4　自衛隊カンボジア派遣（PKO 協力法）（9）
＊中野孝次『清貧の思想』（3）

1993 年＝平成 5　＊小沢一郎『日本改造計画』（5）
非自民細川政権誕生（8/9）

1994 年＝平成 6　自・社村山（社会）政権（～ 96/1）→社会党衰滅

1995 年＝平成 7　Windows95 発売・PC 普及
阪神淡路大震災（M7.3）発生（1/17）
オウム真理教地下鉄サリン事件（3/20）

1996 年＝平成 8　民主党結党（9）
金融ビッグバン（大改造）
＊戦後思想の「旗手」＝司馬遼太郎（2/12）・丸山真男（8/15）死去

1997 年＝平成 9　北海道拓殖銀行破綻（11）

1998 年＝平成 10　不良債権に関する特別措置法（10）

1999 年＝平成 11　IT バブル（～ 07）

2000 年＝平成 12　iPod 発売

◆ 21 世紀＝日本構造改革《リストラ》と世界金融危機

2001 年＝平成 13　小渕内閣（自自連立）＝中央省庁再編統合（1/6）
小泉政権誕生（4/26）＝「自民党をぶっ壊す」「構造改革なくして成長なし」
アメリカ同時多発テロ（9/11）
チャイナ＝「世界の工場」（ＷＴＯ＝世界貿易機構加盟 11/10）

3 署名コラム「今を読む」

93年＝平成5

94年＝平成6

95年＝平成7

97年＝平成9

00年＝平成12

プロローグ　歴史的遺産に学ぶことこそ
――ポスト・人類史の時代に

（『毎日新聞』87・1・12）

二十一世紀が目前に迫った。今、この時代、私たちはどのような思想的課題に直面しているのだろうか。『昭和思想史60年』（三一書房　86・7）を書いた動機の一つは、次のようなものだった。

戦後民主主義の「虚妄」とか「総決算」とかいわれる。形式上のことでいえば前衛主義のポスト・モダン派も中曽根的保守派も、戦後とりわけ民主主義に対抗する姿勢では同じだ、といってよい。しかし、戦後民主主義をどのように定義づけるにしろ、この四〇年間の過程は、様々な空洞化を含みつつ、デモクラシィ（多数者の意思＝力）は確実に定着したのである。しかも、その定着の一貫して主要な担い手は、保守独裁をうちたてた自由民主党を中心とする力である。革新の抵抗や、労働運動、市民運動の高揚などによって、意図せざる仕方で、民主主義を定着せしめた、などというのではない。明確な綱領枠組みの下においてそうしたのだ。スローガン化すれば、「平和と民主主義と科学」ということになる。この定着化の路線は、石橋湛山（「再生日本の門出」）から大前研一（『新・国富論』）までの保守党イデオローグの主張に、掌を指すように生きている――。

民主主義の定着化を、私が立場を異にするとみなしている保守派の功績に帰すからといって、私は戦後民主主義を否定してみせたいのではない。

　科学＝技術の発展を駆動力とする「最大多数の最大幸福」追求という、近代デモクラシィ原理では解決不能な諸課題が、ポスト・戦後＝ポスト・モダン的枠組みで噴出しだした。家族の崩壊＝シングルズ、臓器移植や遺伝子工学などをめぐる生命倫理学《バイオエシックス》、「人間の本質＝労働」観の否定、マイノリティ問題、老人問題、などなどである。

　しかも重要なのは、たとえば人間が家族以外のどのような形式で自己を再生産するのかという経験則のないまま、家族の崩壊に直面させられていることである。つまりは、一九七〇年代以降噴出してきた、ポスト・戦後＝ポスト・近代的枠組みで語られだした課題は、実のところ、人類がなかば永続的に営んできた存在様式に、根本的変革をせまる問題群なのである。したがって、戦後とか近代とかへの対抗スパンでのみ処理できる問題ではないのだ。人類とともにあった諸課題を根底からゆすぶっている問題なのである。

　では、ポスト・人類史とでもいうべき、過去に解答例がない課題に直面しているという事態のなかで、なされるべきはなにか。きわめて逆説的にきこえるが、生命倫理をとりあげていえば、過去の歴史が様々な形で与えてきた解答と経験から学ぶ、という他ないのである。おそらく、最新・最先端の学問領域を包摂とするバイオエシックスが実質的であるためには、「魂の不死」というきわめて形而上学的な問題と連接することが必要となろう。簡単にいえば、アニミズムと最新科学＝技術の連関いかんである。

民主主義ということを平たくいえば、相互性の倫理といってよい。「みんなで渡ればこわくない」は、ジョークでもなんでもなく、民主主義の第一原理だとみなしてよいのだ。戦後民主主義の定着化にともない、歴史や伝統から学ぶという習性が失われてきたのは、いたしかたないことだ。世代から世代へと引き渡してゆく（べき）ものは何かという歴史意識が稀薄化し、当事者たちのコンセンサスによってどのようにも選択・決定してもよい、というスタイルが定着したのである。哲学史とか精神史が、古着のように投棄され、現時において役立てば、歴史の文脈などとは無関係に、パーツ化して利用してよろしいのだ、という精神境位が支配的になったのである。民主主義であるかぎり、この流れを押しとどめることは不可能だ。

と同時に、右のような精神境位に自らをゆだねていては、人類が直面している問題群に答えられないことも事実である。ここに臓器を（金で）提供したい人がいて、それを（金で）得たい人がいたら、当事者間の合意で臓器移植は可能、ということになる。しかし、そうなれば、なぜ、人間が自らを物理的自然以上のものとみなし、それを人格とよび、それに人権を賦与してきたかの理由が、不問のまま消去されるというところまでゆきつくのである。それこそ、民主主義の主体の自己否定につながるのだ。

私は、民主主義がどんなに回りくどく、愚昧をあえておこなうことがあっても、それ以外にベターな形式がないというのが、人類史の教訓だとみなしている。しかし、それが自己否定に陥らないためには、人類が蓄積してきた歴史的遺産に学ばなければならない、と考えている。再度いえば、情報工学や生命技術という最先端技術を思想問題としてつかまえるためには、きわめて単純でナイーブなテーゼたる「魂の不死」いかんという、形而上学的命題の歴史的諸解答の再吟味がせまられるということだ。ポスト・近代という対近代のスパンで枠組みされた問題群が、対人類史というスパンでとらえかえされねばならない、ということである。

思想は、過去の思想を食べて生きるしかすべがない。いかなる方面へであれ、思想の歴史ならびに系譜へのいきいきした関心の復活なしに、戦後対ポスト・戦後、近代対ポスト・近代という枠組みで競っているかぎり、自分の足をしゃぶる体の、思想の自閉状態から抜け出すことはできないであろう。もとより、戦後の「総決算」など、不可能であろう。

天皇崩御・社会主義崩壊・バブルの崩壊
——89年＝平成1

補1　昭和史と天皇

（『北海道新聞』89・2・9）

＊前年、八八年九月二十日、天皇の容体急変した。急遽、文化部デスクから求められて、即刻書いた。わたしに執筆依頼があったのは、諸家が後難を恐れて忌避したからだと思われた。だが崩御なされず、拙稿はそのまま持ち越され、崩御後の夕刊に載った。拙著『天皇論』（三一書房　89）刊行のきっかけになった。わたしの天皇論は、このとき自転を始めた。

昭和天皇裕仁は、他のいかなる歴代天皇ともことなる、特殊な歴史的存在者である。

第一に、彼は、歴史上はじめての、生まれながらにして天皇となるべく決定づけられた存在であった。彼は、皇太子嘉仁（大正天皇）の第一皇子として、明治三十四年（1901年）に生まれた。「一世一元」、すなわち一天皇一元号が定められたのが、明治元年（1868年）であり、皇位継承が明確に規定されたのが、大日本帝国憲法（明治22年）である。この両規定にもとづいて、はじめて天皇たるべく生まれたのが、昭和天皇なのである。

「大日本帝国ハ万世一系ノ天皇之ヲ統治ス」（第一条）、「天皇ハ神聖ニシテ侵スヘカラス」（第三条）、「天皇ハ国ノ元首ニシテ統治権ヲ総攬シ此ノ憲法ノ条規ニ依リ之ヲ行フ」（第四条）、「天皇ハ陸海軍ヲ統帥ス」（第一一条）、「天皇ハ戦ヲ宣シ和ヲ講シ……」（第一三条）等を体現すべき歴史的存在者として生まれ、成長したのである。

第二に、昭和天皇は、個体としては連続しているが、歴史的存在としては、断絶した存在である。昭和二十年八月十五日の敗戦を期に、彼は、「日本国の象徴であり日本国民統合の象徴であつて、この地位は、主権の存する日本国民の総意に基く」（第一条）のであり、「国政に関する機能を有せず（第四条）、「国事に関するすべての行為には、内閣の助言と承認を必要とし、内閣が、その責任を負ふ」（第三条）というように、根本的な性格変更をこうむったのである。

第三に、第二次世界大戦において、敗戦国の、しかも政治的軍事的な最高責任者が、一片の戦争責任も問われなかった稀有の存在である。戦勝国から責任を問われなかっただけでなく、自ら問うことをしなかったのである。

この事実は、敗戦後、日本国民全体が、自らの戦争責任を免罪する強力な心理的護符となったとみなしてよい。

第四に、彼は、戦争責任を免罪された（した）だけでなく、戦後は、むしろ平和憲法の象徴として、見事な変身をとげて今日にいたっているのである。

おそらく、このような対極的で矛盾した性格を、彼ほど破綻なく演じ切った政治家はいまい。チャーチル、ルーズベルト、スターリン、毛沢東らをしのぐ、今世紀最大の政治家といわれるのも、理由のないことではない。

昭和天皇は、明治・大正天皇のたんなる延長線上にあるのではない。それは、昭和時代が、明治・大正時代のたんなる延長線上になかったことと対応している。

明治の国家目標は、欧米においつけ、であった。端的には、欧米列強にしいられた不平等条約の撤廃であった。そのための「富国強兵」であった。日清・日露戦争での勝利によって、いちおう目標を達成した日本は、今度は逆に、中国をはじめとする東南アジア諸国に不平等条約をおしつける帝国主義政策を実施しはじめたのである。当然、このような力による侵略主義を批判する勢力が台頭してくる。大正時代は、この対立が激化してゆく過渡期である。

昭和時代の幕開けを端的に示すのは、大正十四年（１９２５年）の普通選挙法と治安維持法の成立である。

普通選挙法は、大衆《デモス》の政治、すなわち、デモクラシィを実現する手段である。これが実施された。政治、文化、世相等さまざまの分野で、労働者、都市住民、婦人、小作農等の大衆が進出した。大衆の時代である。

他方、治安維持法は、天皇制（国体）に反対する勢力を弾圧する手段である。これによって、社会主義運動、労働運動、農民運動、文化運動が、根こそぎ弾圧されてゆく。軍は、昭和六年（1931年）、満州で軍事行動をおこし、上海事変（昭和7年）等をへて、満州を植民地化する。また、軍極右（皇道派）を中心として、「五・一五事件」（昭和7年）や「二・二六事件」（昭和11年）をひきおこし、政府要人を殺害し、政党政治の死命を制する。こうして、政軍一体の一党独裁体制（大政翼賛会）が昭和十五年（1940年）に確立し、デモクラシィが完全に死にたえるのである。

いうまでもなく、天皇ならびに天皇の政府および軍が一元的に支配権を握って、戦争へといたるのである。かの戦争は「聖域」であり、軍は「皇軍」であった。欧米のアジア支配からアジア人民を解放するがゆえにである。同時に天皇の名による、天皇のための戦争であったからである。〔だが〕敗戦にいたるまで、天皇ならびに天皇制は、民主憲法、平和憲法の枠内に無理なくスッポリおさまっているのである。どうしてこんなことが可能となったのか。

第一に、元来、天皇は、政治に直接関与する存在ではない。祭司がその本義であり、宗教的、文化的存在なのだ。だから、戦後の象徴天皇制は、本来の姿に復帰したのである。これこそが本然である、というのである。

第二。一民族一王朝（＝「万世一系」）は、日本が世界に誇りうる歴史的事実である。これを、一回の敗戦で捨てるべきではないし、捨てることもできないのである。天皇とともにある日本の歴史は、いかなる政治体制の変化を越えて、不変である。

第三。中国侵略、対英米開戦は、天皇の意志に反して生じたものである。むしろ、天皇は、戦争回避論者である。敗戦の受諾を指導し、徹底抗戦・国家死滅の道を救ったのは天皇だったのだ。

つまり、天皇ならびに天皇制は、非政治的、宗教的・文化的存在であり、日本歴史の同一性《アイデンティティ》を証する超歴史的存在であり、平和的存在である、といわれるのだ。まさに、平和憲法下、日本国民とその歴史の象徴にふさわしい存在である、ということになる。（以上に反論するのはそんなに難しくない。）

しかしである。どのように弁明されても、天皇は国民の象徴ではあっても、一個の国民ではない。彼は、その行為の全体にわたって、法律の埒外にあるのである。民主的存在ではないのである。このことは知っておこう。彼は、敗戦の責任を問われなかった。そして現在も、いかなる法律上の罰則からもまぬがれている。超法的存在なのである。

以上のことは、天皇制はデモクラシィと両立不能な存在ではないが、天皇は反デモクラティックな存在であるという、きわめて難しい問題を私たちにつきつけるのである。その上でである。

昭和を前にして、北一輝は、天皇の下に社会主義を樹立する構想を立てた。共産主義のグループは、「転向」して、天皇とともにある社会主義を主張した。戦後、天皇とともにある民主主義の下で四十余年がすぎた。天皇のいない民主主義、天皇のいない社会主義とともに、天皇とともにある民主主義あるいは社会主義の問題の是非が、戦前的尺度とはちがった意味で、冷静な議論の対象になってもよい時期に達したのである。戦後天皇制も、それだけの歴史的経緯と実績を踏んで、「定着」したのであるから。

補2　ポスト・モダンの〈核心〉

（『毎日新聞』88・1・20）

ポスト・モダン（超近代）思考が熱波のごと襲ったのは、つい最近のことであった。これを、この国特有な一過性でおきまりの西欧かぶれにすぎぬこととしてやり過ごすのは簡単である。しかし、思考が根づくのは、いつの場合でも、流行段階が終わった時からなのである。その時になってはじめて、その思考系がはらんでいた核心部分が浮上してくるといってよい。

ポスト・モダンとは、ひらたくいえば、「超西欧」である。わが身に引きつけてみれば、ポスト戦後思想である。西欧中心主義的思考からの脱却であり、この思考の庶子的体現者である日本戦後思想の主脈を踏破する試みにほかならない。私は、脱却はよくなされた、踏破はすでにして終わった、などというつもりはない。むしろ進行形として語ることさえ、おぼつかないものを感じる。しかし、ファッションとしてなのか、もぐら道であるのかは別として、時代の気分はすでにしてポスト・モダンなのである。

西欧中心主義的思考の中で最も減価の激しいのは、進化論であり、社会主義である。いま一つあげれば生産＝労働中心主義である。

進化論は、人類を霊長類として万物の頂点におくだけでなく、西欧人（白人）を人類の進化の頂点におく、きわめて露骨な人種差別を含む考え方である。中華思想は、大小をとわず、どこにでもあるものだが、進化論はその度を超している。「超西欧」は、一切のものが西欧へと進化しきたったのだという度はずれたこの西欧中心主義を、もちろんのこと排する。

しかし、人間社会は進化論を好む。それがなくては、いたって不便をこうむるのである。どういうことか。進化論には、大別すると、二つの思想系が混在している。人間社会・歴史の中で最頂点をきわめた種族（民族）――産業と文化の中心――というA系と、その種族が人類進化の最頂点を占める――生物学的頂点――というB系である。

A系の頂点は常に移動し変動してきた。たとえば、オリエント→ギリシア→ローマ→スペイン・ポルトガル→フランス（ドイツ）→イギリス→アメリカ…→日本（？）というぐあいにである。この意味でなら、西欧中心主義は、おそかれはやかれ、のりこえられてゆく。だから、A系を根拠にしたB系思想は、とてものこと思考の重みに耐ええないものである。

にもかかわらず、産業と文化の中心と頂点があり、それを目標として他がめざすという回路――西欧に追いつけ、追いこせ――があるからこそ、いくぶんかでもの発展は可能なのである。もはや中心はないのだとする「超西欧」は、他に屈服・追随をとおして追いつき・追いこすという衝動力《ルサンチマン》を霧散させ、きわめて自足的・自閉的な気分を蔓延させることになる。鏡をみて自分の姿にウットリするナルシストや、自分の姿を写すこともしない自閉症の心性を大量に生みだす。おおいに気味の悪い世界ができあがることになるのだ。

マルクスの社会主義思考は、超資本主義社会を、「超西欧」に端的に目したものである。しかし、現存する社会主義国が西欧に追いつくことも、ましてや追い越すことも、もはや不可能になった。（もっとも、歴史にはどんなことが起こるのか分らないのだから、速断することははばかれる。しかし、現存する社会主義ということに限定すれば、こうとしかいいようがない。）つまりは、社会主義は近代化の一ケースであるが、超近代などではない、ということになる。

反論はある。社会主義は少なくとも平等化において優れている、と。貧困の下での平等、これはマルクスが嘲笑した命題である。しかも、平等というのならば、日本とほとんど変わらないのである。日本は、豊かさの下での平等、というのだから差は歴然としているのだ。だから決着はついたかのようである。ポスト・モダンが社会主義をほとんど視野の外においているのも、しごく当然なのである。

しかしである。私は、平等化という命題が浮上するのは、まさにこれからだと考える。というのは、先端技術を駆使し、その恩恵にあずかりうる社会圏（「情報化社会」）は、日・米・欧州ＥＣ、オーストラリア、そしてせいぜい韓国で可能だといわれているからである。

一つかみの先進国と社会主義諸国をはじめとする中進国、そして大部分の後進国の格差はますます拡大し、断絶は決定的になる。しかも、先進国も、その内部では、階層間格差は拡大することがあっても縮小することはない、ということになるのだ。この事情は社会主義国でも同様であろう。

つまり、今日ほど平等化が現実化した社会はかつてなかった。今日はその頂点にある、と思った方がよいのである。本格的に、不平等化がはじまるのは、今後《ポスト》のことに属するのである。十九世紀、労資の対立と労働者の絶対的貧困化の中で、マルクスの社会主義思想は生起した。二十一世紀、社会主義は装いと意味を新たにして再浮上する根拠をもっているのである。そのために、多くのハードルを越えなければならないにしてもだ。

ハードルの第一は、生産＝労働中心主義からの脱却である。労働を人間の生きる中心価値から、もっとつつましい位置におきかえることである。ポスト・モダンの気分は、このおきかえを当然のようにして生きはじめた。社会主義は、たんにモダン思考の変種でありたくなければ、その理念との連関で「人間の本質＝非労働」を説得的に展開しなければならないのだ。こうみてくると、ポスト・モダンの気分、おおいに手強いことが分かるだろう。

1　匿名コラム「変化球」

＊『毎日新聞』夕刊　88・2〜89・6。学芸部の奥武則氏からの注文で、辛口コラムということであった。とくに匿名であることを意識しなかった。

88年＝昭和63

1　「入門書」は難しい

教科書にのると、どんな名作もつまらなくなる。入門書を書くと、いかなる名手といえども躓く。これはいたし方のないことかもしれない。

岩波書店創刊五〇年を記念して、「新赤版」が発進した。三木清が「赤版」で『哲学入門』を出したのが昭和十五年。「新赤版」では、廣松渉が『新哲学入門』を書いた。三木に比肩するに最良の人材を得たということになる。しかも、三木が四十代前半、廣松が五十代半ばと、ともに円熟期をむかえての執筆である。『新哲学入門』はよくできた本である。近代社会をつらぬいて通用する考え方――常識と科学――を根本的に批判する見地がきわめて圧縮した形で展開されている。それに、三木がいわゆる総花的見識に儀礼的態度をとったのに対して、廣松はあくまで自己の哲学識を開陳しつらぬいているのだから、ずっと個性的なのである。

しかし、やはり幹だけなのである。花も実もないのである。なるほど、「あとがき」で廣松自身がいうように、これまで書いてきた著書の「通俗ダイジェスト版」ではない。種々の工夫もみられる。しかし、規格品であり、バランスがよいのである。教科書的であり、「入門書」の典型なのだ。廣松のいつもの理屈癖や意図せざる脱線という、個性的思考に特有のねじれや迂回に欠けているのである。

ふくらみのない小説なぞ、その名に値しない。哲学的思想もこの点で変わるところはない。

（2・27）

2　曲言的批評精神

佐高信や呉智英（『バカにつける薬』双葉社）流の、直言型の批評精神もおもしろいが、曲言型のはもっといい。

文学教育者集団編・季刊『文学と教育』（みずら書房）の最新号（143号）で、熊谷孝が太宰治の「トカトントン」（47・1）をとりあげている。

敗戦の詔勅。自決をうながす若い士官の演説に感動し、死のうと思う。すると、トカトントンと金槌で打つ音が聞こえてくる。恋人とのクライマックスの時も、そして最後に、デモ隊に出会い、民衆の時代の到来に感動し、自分も参加しなければと思った瞬間にも、同じ音が聞こえてくる。そして、フッと感動や決意が消えてゆく。

これは、指摘されるような、反動とか、しらけと同じものなのか。逆である。常識にとらわれて、トカトントンが聞こえなくなってしまっている方が問題だ、というのが熊谷の論旨である。『文学と教育』は、曲言的批評で、芥川、太宰、井伏等の作品を読み解いてゆく。「新しい太宰治」を論じるのは、村瀬学『「人間失格」の発見』（大和書房）である。村瀬は、すでにしてある「人間」なるものの像を破壊し、別な地盤の上に再建する意図を実現しつつある。村瀬の論理的で説得的な論究は、定型的、反定型的太宰ならびに人間理解を包摂しかつ超える力をもっている。曲言的批評の極北とみなしたい仕方が、そこにある。

（88・26）

3　書名へのこだわり

子供の名前をつけるのは難しい。親の思いいれが強すぎるのは、子供にとって迷惑だ。そうかといって、名前は単なる符牒ではない。

書名もまったく同じことがいえる。だから、自分で決めると、結局のところ、悔いが残ってしまう。それで、編集者まかせという仕儀になってしまうのである。

私は、漱石のような短く、奥行きの深い題が好きである。『行人』『明暗』。しかし、長い題がいやというわけではない。椎名誠『哀愁の町に霧が降るのだ』などは、傑作の部類に入るだろう。奥があって、しかも、スッと頭に入るのならば、なおのことよい。村上春樹『ノルウェイの森』である。

『人は夜の風景の中で孤独であった』は、どうであろうか。「少年蕪村の肖像」という副題をもつ「イースト・オブ・ザ・ムーン」は、寺久保友哉、会心の作である。『潮』の連載が終わり、単行本化されることになった。一人の精神科医が、謎につつまれた少年蕪村の空白を埋めてゆく推理小説的面白さもさることながら、蕪村にフランスの画家ルドンの絵をかさねあわせ、蕪村と精神科医の孤独を表出してゆく進行に、感情移入させられてしまう。

作者は、ルドンの画題からとった、この『人は夜の……』書名採用に強くこだわる。私なら、尻ごみしてしまうほどである。しかし、自分の作品にかくも激しく思いいれができる寺久保がむしろうらやましい。

（4・28）

4　成功約束されないが

ヴィクトル・ファリアスは、ハイデガーとナチズムの結びつきに、彼やその信奉者たちの弁明にもかかわらず、学生時代から晩年まで一貫したものがあったことを証拠だてた（『ハイデガーとナチズム』仏訳・87年）。

ファリアスの書物を紹介しながら、西谷修は、「ハイデガーはナチだからだめなのではなく、むしろナチだからこそ問わなければならない」とのべる。なぜなら、ナチズムとは、だれもが指弾してすませる突如現れたエーリアンではなく、ヨーロッパ近代から生まれ、ヨーロッパならびに世界を包みこんだ運動であり、ナチ壊滅後も、この運動を避けがたく生み出した世界をいまもって誰もが生きているからである。そして、ハイデガーこそ、技術と近代的人間との出会いをナチズムのうちに見出した思考者だからである（『現代思想』88・3）。

きわめて根本的な問いかけである。別な文脈に移しかえていえば、マルクス主義はスターリン主義を常にはらんでいるのであって、後者が前者にとって無縁の異物ではないということになる。だから、近代もマルクス主義も否定する他ないものである、と短絡してはならない。ナチズムやスターリン主義を生みださずにおかない不可避性を、必死におさえこむ努力をおこたってはならない、ということだ。これは成功を約束されない類の努力だが、しかし、現に生きている世界に存在するかぎり、避けえないのだ。（5・21）

5　マルクスの「面白さ」

『いまマルクスが面白い』（いいだもも・伊藤誠・平田清明編・有斐閣新書）は、概してちっとも面白くない。

マルクスなど古くなった、面白いわけがない、などという俗論にくみしたいのではない。逆である。

マルクスはナウい。環境破壊・性差別・家族の解体・都市問題・南北問題などなど、マルクスがみんな解いてみせるとまではいわないが、マルクスなしでは解決不能である、とこの本が主張するからである。このナウさが、面白さと直結する、といわんばかりなのである。まあ、十年一日のように、『資本論』の読書会にはげみ、マルクスは日々に新しなどといって、自分たちの不勉強に免罪符をだしている御人たちよりも、この本の執筆者たちはずっとまじめである。しかしなのである。人類史のすべてを、生産力という量的なもので透視し、単純な図式である「唯物史観」にまとめあげたことに、マルクスの天才があった。十九世紀的特徴を徹底的に生かして、西洋中心主義的な歴史発展説をとったからこそ、資本主義の原理を明らかにしえたのだ、と日高晋（執筆者の一人）が同書でいうことが実相なのである。

マルクスにすべてを発見するのは、悪女の深情けである。マルクスは古いからこそ、今日に生きている意味を発見できるのではないか。歴史の一ころがりで消失しえないものを、である。

（6・18）

6　大食のすすめ

グルメなどと、やわなことをいう。ヘルシーなどといって、カロリー制限する。頭に持久力も瞬発力もなくなったのは、「健康時代」と大いに関係がある。

ソクラテスは大飯喰いだった。西田幾多郎は、恥ずかしいくらいに腹を減らした。司馬遼太郎は、『街道をゆく』で飯のことを大いに気にし、しかも、カレー・ライスの類をうまそうに喰っている。脳は、猛烈な大食漢なのである。だから、頭脳活動をするからこそ腹がすくのである。空腹でないと思考が活発にならないなどとほざくことを上品だと思っている人がいるらしい。とんでもないことだ。

ジョギング、水泳、ジャズ・ダンス。カロリーを減らし、スリムになるためには、なんでもする。しかし、一番最初にやせ細るのは大脳の方なのである。栄養も水分もない頭にして、どうするの、といいたい。

頭脳も身体の一部である。体が健康でなければ、頭がどんなに活発でも、不幸だという人がいる。健康な体に、健全な精神が宿る、といいたいのである。

しかし、栄養不足の体では、脳に力がわきかねるのである。もっとも、私はデブになることをすすめているわけではない。脳を不活発にする「健康時代」など、本末転倒だといっているのだ。金井美恵子は、デブは許せないといった。ソクラテスも私も大いにデブだが、別に許されなくてもよい。スリムな脳になりたくないだけなのだ。

（7・16）

7 「いまだならざる」国

自国や自分の住む地域について、自虐的にではなく、誇張をこめず、批判的に言及することは、わが国人にとって、たいそう苦手らしい。もっとも、そういうことができるのは、一国の文化的成熟度いかんにかかっているのだが。

ソ連で展開されているペレストロイカ（改革）とグラスノスチ（公開）はめざましい。なるほど、社会主義の理念からすれば、七〇年前に実現していて当然のことを、いまやっているのだ、と評することもできる。しかし、六月末の党協議会での活発で、激しい対立を含んだ議論は、報道によれば、普通の資本主義国のデモクラシーなみになったというところだろうが、発達した資本主義国のどの共産党よりも、デモクラシーがゆきとどいているように思われる。

一国の、しかも世界の一方の旗頭の指導者が、自国のことを、「発展途上」の社会主義国と規定したことを銘記したい。これは、歴史哲学上のこととしていえば、ソ連をモデルとした「現存する社会主義」が「発展途上」型である、と自ら断じたことになるのだ。

こう断じなければ、もうニッチもサッチもいかないところまできている。さかさに振っても、鼻血もでない、ということであろう。しかし、同時に、社会主義の理念を、より高いハードルで超えることで、実現しようという手法こそ提示しようとするのだ。

「いまだならざる」国、ソ連の可能的再出発に注目したい。（8・13）

8 「転向」論を超えて

清水幾太郎が死んだ。八月十日、八十一歳であった。翌朝、電話が入った。清水批判を書け、西部邁を串刺しにするような、六〇年安保「転向」論を、というのである。

清水には影響をうけた。しかし好きになれなかった。なぜなのかについてはいつか書いてみたい。でも「転向」論なぞ書きたくない。

野呂栄太郎は、名著『日本資本主義発達史』を書き、共産党中央委員長として、権力の弾圧で死んだ。もちろん、「転向」などに無関係である。野呂と郷里が近く、野呂の近くで活躍した関矢留作は、三十一歳で急死した(昭11)。しかも関矢は「転向」者であった。

この「忘れられた理論家」関矢のあとを追ってみると、「転向」あったがゆえに、郷里に帰参しなければならなかったがゆえに、西洋仕込みのデザインではない、具体的な事実の研究を媒介にした特殊、個別の中に普遍をみる、農村の科学者が誕生したのであった。

関矢は、もう一冊の『日本資本主義発達史』を書こうとして、刻苦勉励の生活を自分に課した。急死のため、自らの手で書くことはできなかった。しかし、妻マリ子が遺志を継いだ。でき上がったのが、『野幌部落史』である。

野呂に関矢をかさねあわせること、正確には、野呂を関矢で修正すること、これが日本近代史を解く鍵である、と強く思う。丸山真男を清水で修正すること、戦後思想史を解明する重要な鍵がここにある、と考える。どうだろうか。

(9・10)

9 「史実」覆す労作

田中伸尚『ドキュメント昭和天皇』(全7巻・緑風出版)は、八四年七月に第一巻「侵略」が出た。年一巻の予約通り、八八年五月、第五巻「敗戦〔下〕」が届けられた。田中は、事実と証言をつなぎあわせて「昭和天皇とは何者か」を語る。第五巻にはさまれた「著者からの便り」は、こうのべる。

敗戦直後から四〇年以上もの長い間「立憲君主制に徹し切ったから、戦争全体の責任は天皇にはない」「戦争は軍部が行ったことで、平和主義の天皇は終始反対だった。その意思を見事に示したのが八・一五の聖断だった」などの説が、繰り返し主張され、歴史的な「事実」として定着してしまった。しかし、この「史実」は「天皇制を守るための壮大な嘘」である。五巻まで書き継いできて、天皇がアジア・太平洋侵略にどうかかわったのかを具体的に検証することによって、この「嘘」を、何とか納得する仕方で論じることができたのではあるまいか、と。

全巻は完結していない。しかし、すでにして、類書中、群を抜くできばえである。本書と比較すれば、評判をとった猪瀬直樹『ミカドの肖像』（小学館）は、週刊誌のグラビア記事程度にうつる。「聖戦」に名をかりた侵略戦争の政治的軍事的最高責任者が、その責任を問われ、自ら問うこともなかった歴史事実の延長線上に、戦後デモクラシーの国民的「定着」があることも、忘れない方がいい、と田中とともに確認したい。（10・8）

10　鏡花賞的？

山本周五郎は、直木賞受賞を辞退した。この賞は新鋭作家に与えられるべきだ。賞設定の主旨もそうなっている。自分は、もはや新鋭ではない、という理由からである。こんな高い自負心は、私のどこを探してもないが、厭味なほどにひとを納得させるものだ。

ある賞に、A作品がピッタリだなあ、と思うことがある。たとえば、泉鏡花賞である。ところが吉本ばなな『キッチン』が受賞してしまった。そのことに文句をつけたいわけではない。A作品はまだ単行本化されていないから、来年度の対象ということになる。もしかしたら、ノミネートされるかもしれない。

しかし、私は、もし受賞ということがあっても、辞退してほしいと思う。A作品が、あまりにも泉鏡花賞に似合っているからだ。

『日本婦道記』の周五郎ほど、今日からみて、直木賞の寸法にあっているものはあるまい。しかし彼は辞退した。自分の間尺にあわない、とみなしたからである。

高橋源一郎に三島賞、それにばなな、いずれも賞の名前としっくりしない。だから、いいのだと思う。賞はゴホウビという側面が強い。しかし、受賞はその作家に一生つきまとうのである。

源一郎にとって、三島はほとんど意味をなさないであろう。(ばななは知らないが)。しかも、彼の三島賞受賞は、はげみになるだろう。村上春樹が谷崎賞をもらったと、ほぼ同じ意味においてである。

(11・5)

11　祭りの後

横路孝弘は、政策能力・実行力・人気と三拍子そろった、史上最高の北海道知事である。その盤石と思えた道政が、しかし、一瞬のうちに崩壊し去りかねないシナリオが、この夏、実演された。「'88世界・食の祭典」は、九〇億円の赤字を生んだ。しかし、問題はその赤字の大きさにあるだけではない、赤字を生んだ構図にある。プランは、横路が抜擢した二人の若手幹部がつくった。四、五〇億円規模であった。ところが、財団法人が設立認可されて、元国土庁事務次官が会長に、北海道土建業界の頭脳が副会長になると、様子が一変する。

会場設営と出店会場等の土木建築費だけで六〇億円にふくらむ。横路が送りこんだ幹部二人は、もともと、専門は開発・土建プロジェクト。途中から率先して冗費者に転ずる。あわてた知事は、二人の直接の上司（副知事）を財団に送りこむ。しかし、もうブレーキはきかない。

経済界はそっぽを向く。寄付も協賛金も集まらない。が、銀行は無担保・低利でどんどん金を貸す。ついに一四〇億の予算で、九〇億の赤字。しかも返済能力ゼロ。

かの二幹部、事前逃避と途中逃亡。マスコミは開発土建組をまったくたたかない。自民党は色めき立つ。非難はすべて横路に集中。

こうして横路包囲網はしかれたのだ。この失敗を、真夏の夜の夢とするか、大崩壊の予行演習とするかは、知事しだい。まさに正念場である。

（12・3）

12　さらなる天皇制論議を

天皇裕仁が死んだ。在位の二十年間を「天皇大権」の下で、その後の四〇年余を「主権在民」の下で、生き抜いた、歴史上、稀有な存在であった。

天皇の死を契機に、天皇とは何か、天皇制とは何か、の自由で活発な議論がおこりつつあるのは、とてもよいことだ。過去と現在についてばかりでなく、天皇存在の未来形態についても、本格的に論究できる足場ができれば、もっとよい。ここでは、二つだけ問題提起してみたい。

一、戦後史における「象徴天皇制」の推移である。一九五〇年代は、極小の位相。五〇年代後半から変質過程がはじまり、六〇年代なかば転換があり、次々と極大化がはかられてきた。こういわれる。

しかし、私のみるところ、「象徴天皇制」は、戦後一貫して、現憲法の枠内存在としての純化過程を歩んでいる。五〇年代の極小さとみえるものは、戦前型天皇制への復帰コースが断念されていなかった過渡期のゆえである。

二、戦前型天皇制を生きた天皇（裕仁）を肯定できる左翼はあるまい。しかし、「象徴天皇」（私は「天皇制」と安直にいえるかどうか、再考している）、とりわけ今後の天皇が、デモクラシィと適合するだけでなく、社会主義、ひいては共産主義とも適応可能ではないのかどうか、である。

容天皇＝右翼、反天皇＝左翼という単純図式が、もはや通用しなくなりつつあるのではないか。（１・21）

13 〝主義者〟の課題

社会主義思想は、政治権力の絶対消滅を期待して、歴史に登場した。しかし、この思想の創始者であるマルクスとエンゲルスは、歴史上はじめて、政治権力の行使が絶対的に聖なる使命の遂行であることを「証明」したのである。つまり、政治権力の消滅のために行使される権力は、神聖なものだ、としたのだ。

社会主義権力とは権力消滅を目ざすべき、過渡的、一時的権力である、とされた。しかし、スターリンは、全世界が社会主義化されるまで、この権力は半永久的に持続する、とした。「一国社会主義」の絶対化である。

レーニンは、社会主義権力獲得のためには、革命意識を持つ少数精鋭の、中央集権的な党組織の指導を、絶対に必要とする、と主張した。この党の指導権を握った単数ないし複数の指導者が、社会主義権力の独裁的地位に立った。党独裁であり、個人独裁である。

谷沢永一『皇室傳統』（ＰＨＰ研究所）は「社会主義思想の研究」という表題で、二五のポイントを明示して、社会主義の暗部をつく。簡潔でおもしろい。

権力消滅を標榜して、史上最強（悪）の独裁国家、党独裁、個人独裁を実現する社会主義など、谷沢にいわれるまでもなく、絶対に目ざされるべき価値ではない。
では、社会主義に未来はないのか。主義者を自称する者は（私を含めて）この問題に、正面から明確に答えなければならない。（2・25）

14　立花隆に期待する

立花隆は次に何を書くのかな。これは、かなり多数の人びとが気にしている問いだ。アメリカ性革命、中核VS革マル（内ゲバ）、田中角栄（ロッキード事件）、農協、宇宙飛行、脳死などなど。立花が歩いた跡には、落ち穂も残らないような仕方で、問題の核心がえぐり取られてしまう。政治の最も柔らかい部分から、先端科学技術のハードな部分まで、立花の思考は、対象にあくまでも寄り添い、論理的飛躍をおかすことなき自戒を守って、進む。

もう二、三人、立花がいれば、どんなに自分をとりまく世界がスッキリ見えるだろう、という思いにかられる読者も多いだろう。

立花の最大の特長は、対象を大切にすることだ。ハッキリと断罪する場合でさえ、右手で相手を切り裂きながら、左手でメスをおさえる、という態なのである。

一見すれば、断言の連続である。パキパキと論理を織りたたんでゆく。しかし、読者のハートをとらえるのは、その断言的結論が、長い曲折を経て下されたことがよく分かるようになっているからだ。批判された当事者をさえ納得させるようにである。

立花に、今、何を書かせたいか。断然、教育問題だ。

教育問題は、90％教師問題だ。無能でなく、熱心さもある教師たちが、なぜ無知で自尊心に欠けた存在であり続けるのか。私が立花ならば、すぐにでも手がけたい仕事だ。

（3・25）

15　書くこと

自分の記憶力が信じられない。澁澤龍彦などは、記憶力抜群なのを誇っていた。でも、私は、べつだんうらやましいとは思わない。

読んだものは、すみやかに脳貯蔵庫から去ってゆく。自分で書いたものさえ忘れてしまう。私を好ましく思わない人間に「アノ箇所は何だ……」と非難されて、アッ、そんなこと書いたのかな、とすごく他人行儀に思うことが、少なからずある。時たま、エッ、そんな立派なことを書いたのか、と自慢したくなることさえある。

書くと、書いた事柄にとらわれる。呪縛される、といってよい。そこに書き手の責任も生じる。しかし同時に、書くことによって、書いたものから解放されもするのである。この解放感は何ともいえないものである。

私は、書く前には、そのテーマについて話したくない。書くという自縄自縛の気分が殺がれるからである。話すと、内容が解放されて、飛び散ってしまいそうになるからである。そして、書いてしまえば、それについて語ることがひどくおっくうになる。自分の手を離れたというだけでなく、自分がでてきた迷路をふたたび指でなぞる必要はない、と感じるからだ。

知識人は、本質的に無責任だ。書くと無責任になれるからだ。理論は実践を免除する。このテーゼがのみこめないようなら、文化人の資格なし、と考えた方がよい。書くことの苦しさ、楽しさとともに、その恐ろしさを了解いただけるものと確信している。（5・6）

16 悲観せず、嘆かず

理念的に言えば、古典マルクス主義（スターリン主義）は、解体する他ないものである。吉本隆明は、ファシズムはスターリン主義の変態だ、といった。なるほどファシズムは解体したが、その本体のスターリン主義は、生き残ったのである。

軍が、「人民」に公然と発砲した。させたのは、中国共産党の指導部である。私の友人のお母さんが、それをテレビでみて、心痛のあまり血圧を二〇〇まであげ、寝付いてしまった。でも私は驚かないのである。何回目かの現実の拡大再版だからである。

「社会主義」という「正義」を楯にするからこそ、誰にであれ銃口を向けることができるというものだ。これを言うからといって、理念的に社会主義を放棄すべきだと叫びたいのではない。市民主義やマルクス主義を問わずに共有している、近代「前衛主義」を克服しなければならないことこそ問題なのである。

マルクスが宣言を発してから一五〇年、社会主義は、いまだ「前方問題」として、私たちの前にある。私は、悲観などしないことにした。もとより嘆かない。

社会（祖国）の不幸、不正をもっとも嘆くもの、憎むものが、もっとも社会（祖国）を愛するものだ、とチェルヌイシェフスキーはいった。半分だけ本当だ。嘆かず憎まずに、変えなければならない社会が、あまりにも多いからである。まさに中国がそうだ。

（6・17）

補3　社会主義の終焉か、新生か

『毎日新聞』（1989・11・26）

1　一八四八年、マルクス、エンゲルスの起草になる「共産党宣言」が発せられた。マルクス主義的社会主義が産声をあげたのである。七〇年たった一九一七年、レーニンが指導するロシア革命によって、初めて社会主義国家権力が成立した。さらにそれから七〇年、ゴルバチョフの「ペレストロイカ」は、ついにマルクス主義的社会主義からの離脱（ハンガリー）を生むにいたった。社会主義の終焉が語られるのもゆえないことではない。

それにしても、一九八五年三月、ゴルバチョフが権力の座についたとき、「改革」が今日のような形とテンポと範囲で展開しえるなどとだれが予想したであろうか。まるで、戦後東欧社会主義の歴史が、数百倍のスピードの逆コマ送りで回転しているようにさえみえるのである。

戦後、東欧諸国は解放された。わきたつような社会主義的で民族的な高揚があった。しかし、一党支配が忍びよる。四八年、チェコスロバキアで反共産党政党が大弾圧を受ける。党、政府、政策等のすべてにわたってソ連型への同質化が強制される。四八年、自主管理社会主義をめざすユーゴースラビアは、経済封鎖を受け社会主義体制から「追放」される。五六年、ソ連共産党第二十回大会の「スターリン批判」（フルシチョフの秘密報告）に端を発して展開されようとした、ポーランドやハンガリーの民主化と新経済政策は、萌芽のうちに芽を摘み取られた。六一年、ベルリンの壁がグロテスクな姿を見せる。六八年、チェコの「人間の顔をした社会主義」の実験が戦車に圧しつぶされる。八一年末、社会主義で最初の、労働者大衆の権力の可能性を秘めたポーランドの自主労組「連帯」の運動が弾圧される。――それに、東欧以外では、朝鮮戦争、中ソ対立、キューバ危機、「文化大革命」、ベトナムのカンボジア侵攻、中国――ベトナム紛争、ソ連のアフガニスタン侵攻、そして「天安門事件」をだけは忘れないほうがいい。

社会主義は負の歴史で埋めつくされているということを示したいわけではない。そうではなくて、この一連の負の歴史が、短期間の間に払拭されつつあるということこそを示したいのである。もとより、歴史は消えないし、消されてはならない。しかし、今日の改革は、歴史に返すべきものを支払う過程としてまずある、ということを忘れたくないのである。社会主義が自れを取り戻す「名誉回復」過程としてである。

2　しかし、歴史は旧に復さない。今回の東欧を襲った過程には、「名誉回復」過程ばかりでなく、社会主義の「自己解消」過程という契機も含まれているのである。どういうことか。

ゴルバチョフがかかげた「ペレストロイカ」は、政治・経済・文化のトータルな根本的改革であった。まず文化の改革が先行した。そして、政治的改革が続く。複数政党制、共産党の「指導性」の否定、自由選挙による議会制民主主義、労働運動を含む政治活動と結社の自由、等が実現課題の俎上に上っているのである（すでにハンガリーはほぼすべてを実現した）。経済改革では、私的所有権の大幅拡大を含む複数主義（混合経済）がめざされている。端的に言えば、資本主義的システムの導入である。

この過程は、資本主義的文化・政治・経済への限りなき接近過程ではないのか、と問うてみよう。然り、である。資本主義とは異なる、より高次の社会構成をもつという理念のもとに出発した、社会主義的実験の歴史が「終焉」したということである。社会主義を通過しなければ、より民主的で文化的で経済的に豊かな社会をむかええたという可能性のほうがうーんと大きかった、とさえいいうるからである。

否、である。後進地域から出発して、ナチス・ドイツや天皇主義日本の侵略を打ち砕き、少なくともアメリカと拮抗できる政治勢力を保ちうるようになったのは、社会主義を選択したからである。社会主義の独自さを根本的に否定するような方向へ進むならば、資本主義の後方地域としての未来しかまっていないのである。だから、この過程は、あくまでも社会主義の活性化の契機としてのみあるのだ、あらねばならないのだ。

正直に言えば、私は少なくとも昨年までは、社会主義ソ連がどのような形にしろ、自己改革を遂げ得るなどと予想だにしていなかったのである。アメリカに追いつけ追いこせという国家目標が、実現不能なものであるということが判明したからといっても、手直し程度の改革でお茶を濁して進むことのほうが容易であったのである。しかし、ゴルバチョフやその他の指導層の意向がどうであれ、この改革は、行くところまで、社会主義の「自己解消」にいたるまで進んだほうがいいのである。私は社会主義の否定をいいつのりたいのか。否である。現存する社会主義から漏れみえることさえなかった（ないように見えた）社会主義の理念実現の可能性が、当の社会主義からほのみえてきた、ということである。

3　十九世紀の半ばに登場してきたマルクスの社会主義（共産主義）的理念は、四つの理念に集約される。

①政治支配の否定——国家（権力）の掌握による国家（権力）の否定。②経済的搾取の否定——生産手段の私的所有の否定。③社会的・個体的自由の全面的実現。④人類共同体の実現。

（一つだけ注記すれば、これら理念は、共産主義（段階）において実現可能であり、社会主義（段階）は、そこへいたる過渡期である、とみなされていることである。）

私は、このような理念に照らして、現存する社会主義（「社会主義」）は、もはや社会主義とさえよびうるものではない、等と超越的に言いたいのではない。マルクス的理念も、十九世紀的母斑を付けているから、そのままでは適用不能なのである。問題の焦点は、今日にふさわしい形での社会主義的理念は可能なのか、ということである。

今日（まで）の「社会主義」は、本当のところ、国家社会主義（あるいは国家資本主義）と呼ぶほうが適切なのである。国家（権力）が他のあらゆる社会構成を超越して支配する社会というほどの意味である。しかも、この国家を、中央集権主義の共産党が指導・支配し、この党を一人ないし少数の指導層が支配するという、共産党独裁、個人独裁が常態であった。歴史に類例を見ない国家専制主義が実現してしまったのである。国家だけが自由で、他の社会要素、とりわけ労働者・市民大衆にとって抑圧的な社会が、である。これも、社会主義の一つの型かもしれない。しかし、めざされるべき型ではけっしてない。（どんなに政治的に不自由だからといって、ぜいたくは出来ないといって、失業と飢えの恐れのない社会なのだから、よいではないか、というのであれば別だが。）

ゴルバチョフは、もとより、「社会主義」の「自己解消」などをめざして改革をはじめたのではない。めざす基本は、デッドロックに乗り上げた経済の改革である。失業と飢えのない（だけの）社会よりもさらに高次の経済社会を作り上げねばならないという目標をかかげて、文化と政治の急進的改革をはじめたのである。この方向は、絶対に誤ってはいない。しかし、「社会主義」の「自己解消」にまで進みえなければ、成功がおぼつかない選択をしてしまったのである。そして、この「自己解消」は社会主義の「新生」に他ならない、といいたいわけなのである。

4　吉本隆明は、「社会主義」の現実を全部否定しても、なお社会主義の理念は可能であるとして、四つの理念を列挙する。

①賃労働が存在しない。つまり、自分たちの利益に必要な社会的な控除分をのぞいて、過剰な労働をする必要がない。②労働者、大衆、市民が直接合意し、直接に動員できない軍隊や武装弾圧力

がない。③国家は、それが存在しているあいだは、労働者、大衆、市民にたいしていつも開かれていること。いつでも、無記名の直接投票によってリコールできる装置をもつ。④私有にしていれば、障害や不利益や不便になる生産手段に限っては、社会的所有にする。

ここには、マルクス主義的社会主義に特有な、労働者階級の革命性・指導性、共産党の指導性、という言葉が消えている。(そして、中央集権的な共産党の否定は、吉本の大前提である。) しかし、社会主義であることの、資本主義よりも高次であるべき社会主義の原則が簡潔に示されている。マルクスの理念と同じではないが、しかし矛盾しない理念が語られている。今日にふさわしい理念、といってもよい。

今、この理念を念頭において、今日東欧諸国で進んでいる過程を見てみよう。この過程は、様々な矛盾や不確定分子を含みながらも、この理念を、大枠では実現する方向に進んでいるとみなしうるのではなかろうか。吉本が、「社会主義」では絶対不可能であるとした理念、をである。「社会主義」の「自己解消」が、社会主義の「新生」に至るという「不可能事」が歴史の舞台に登場しつつあるのである。

この過程で警戒すべきは、「行きすぎるな」というブレーキである。もちろん、効率性のみを原則にして「賃労働」の復活へと進む恐れもある(形だけで言えば、ユーゴスラビアは、商品だけでなく、労働力、資本という生産要素を含む統一市場を創出しようとしている)。しかし、問題は、社会主義が、資本主義よりも高次の発展形態であることを示しうるかどうかにあるのだ。社会主義は、非資本主義的だが、遅れた地域の産業化の一形態にしか過ぎない、したがって、民主化は遅れ、やっとのこと、七〇年過ぎて、ブルジョア民主主義に手のとどく段階に到達した、というがごとき現状評価をこそのり超えることにある。つまり、「資本主義」が復活するかどうかは、第二義的問題にすぎないとみなすべきなのだ。もし、社会主義がその理念を実現でき（る方向に進ま）なければ、しかも過去の「社会主義」に後戻りしないならば、よりましな社会制度に行き着く他ないからである。たとえそれが資本主義であったとしてもである。

社会主義は、マルクスがその構想を示して以来、初めてゲットーを抜け出る方向を見いだした、というのが私の今日の過程にたいする総体評価である。「社会主義」は否定されるがいい、そして社会主義が新生するのだ。だから、社会主義はこれからだ、といくぶん声を大きめにして言いたいのである。

補4 「ブックガイド　思想・哲学　マルクス主義的社会主義哲学思想のガイドラインを示す文献を軸に」

『朝日ジャーナル』（1990・6・20）

社会主義入門編――社会主義思想・思想史・理論がわかる本。

①セレクト20

1 『共産党宣言・共産主義者の原理』　カール・マルクス　大月書店国民文庫
2 『資本論』全11冊　カール・マルクス　新日本出版社
3 『反デューリング論』ⅠⅡ　フリートリヒ・エンゲルス　大月書店国民文庫
4 『社会主義の諸前提と社会民主主義の任務』　エドゥアルト・ベルンシュタイン　ダイヤモンド社
5 『マルクス・エンゲルス・マルクス主義』ⅠⅡⅢ（レーニン一巻選集）　レーニン　大月書店国民文庫
6 『毛沢東語録』　毛沢東（林彪編）　角川文庫
7 『ロシア革命論』　ローザ・ルクセンブルク　論創社
8 『歴史と階級意識』　ジョルジュ・ルカーチ　白水社『ルカーチ著作集』

9　『グラムシ獄中ノート』　アントニオ・グラムシ　三一書房
10　『ロシア共産主義』　バートランド・ラッセル　みすず書房
11　『ソビエト・マルクス主義』　ハーバート・マルクーゼ　サイマル出版会
12　『啓蒙の弁証法』　マックス・ホルクハイマー、テオドール・アドルノ　岩波書店
13　『言葉と物』　ミシェル・フーコー　新潮社
14　『国家とイデオロギー』　ルイ・アルチュセール　福村出版
15　『共産主義とは何か』上下　ジョレス・メドベージェフ　三一書房
16　『大いなる失敗』　ズビグネス・ブレジンスキー　飛鳥新社
17　『マルクス主義の地平』　廣松渉　勁草書房
18　『現代思想』上下　清水幾太郎　岩波書店
19　『「反核」異論』　吉本隆明　深夜叢書社
20　『カール・マルクス』　E・H・カー　未来社
21　『マルクス伝』　デイヴィド・マクレラン　ミネルヴァ書房
22　『マルクス』　都留重人（編著）　講談社

②コメント

社会主義はマルクス主義の独占物ではない。しかし、ここでは、マルクスから発した社会主義思想に限定せざるをえない。

基本的に「社会主義」の入門書は存在しないとみなした方がいい。大雑把に言えば、基本的古典文献の単一な解釈はもとより、多様な社会主義思想の流れを包括した書物はないからである。さらに、既存の社会主義思想が思想としての力を「解体」しつつある現実が大規模に進行中だからである。しかし、困難を承知のうえ、敢えてのことセレクトしてみた。

1〜6は、六〇年代まで支配的であった社会主義思想の基本的な流れを理解するための、最小限度の（古典的）文献である。ベルンシュタインとレーニンと毛沢東の思考を「修正主義」として位置付けてある。

7〜12は、ロシア革命後生じた「レーニン主義」に対する批判的思考の代表例である。しかし、「レーニン主義」との共有部分を少なからずもっている。

13〜16は、マルクス主義的思考の根底的批判を展開した基本文献である。マルクス主義の可能性から不可能性までを論証しようとする振れ幅をもつ思考を選んだ。

17〜19は、日本における社会主義思想解説の代表例、20〜22は、マルクス論の代表例である。

③ベスト・セレクト3――a22、b18、c19

ベスト3とは、あくまでも、今日的時点から概観したマルクス主義的社会主義思想のガイドラインを示す文献という意味においてである。

aは、17を基本線において読むとよい。マルクス（主義）の標準的で「包括」的な思考を理解する導きの糸（入門書）になる。（17はマルクス的思考の可能性を最大限に拡張する試み。）

bは、ベルンシュタインとレーニンを「修正主義者」として規定し、マルクス主義の思想的「終焉」を説いた、六〇年代の優れた反マルクス主義文献。

cは、現存する社会主義の徹底的批判を展開しながら、社会主義の現実的可能性を論究した八〇年代の文献。（吉本の、マルクス主義を救抜する、一貫した「マルクス主義」批判の文献は貴重である。）

2　無署名コラム「目口耳」

1　「新教養主義」

『北海道新聞』（1990・8・13～9・10）

1　教養主義の変容

教養主義とは、一般に、西田幾多郎『善の研究』、阿部次郎『三太郎の日記』、倉田百三『愛と認識の出発』に代表される大正教養主義をさす。それは、国家主義、社会主義、唯物主義、功利主義、虚無主義等の諸潮流に対置された、人格主義、文化主義のことであった。

今日、教養主義の理念は、教育基本法（「人格の完成」）や大学の教養コースの中に、端的な形で残っている。断片性・専門性に対して総体性・一般性を、唯物主義・功利主義に対して理想主義・文化主義を、通俗性・大人性に対して純粋性・青春性を標榜する。

しかし、今日「教養」の内実は、激変したといってよい。かつて、教養は、文化価値であり、人格形成の理念（目的）であった。しかし、今日、それは、何よりもまず、情報であり、生活の道具（手段）である。かつて、教養人とは、教養をもって生きる人（人格者）を意味したが、今日では、知（情報）を売る人（売文者）をさす。新教養主義というゆえんである。

かつて、教養主義は、哲学に集約された。今日、さまざまなジャンルに分化したことが大きな特徴である。しかし、まずは哲学である。

新・岩波文化（文化＝教養）といわれるように、新・岩波哲学講座（全16巻）は今日の「教養」の内実を凝縮して伝える格好の「入門書」である。阿部次郎に匹敵する教養主義者はいない。しかし、あえてヒーローを二人あげるとするなら、山口昌男（『知の遠近法』岩波書店他）であり、浅田彰（『逃走論』筑摩書房他）である。異領域を疾走する新旧世代の代表者である。「軽チャー」の代表選手とみなされているが、一筋縄ではいかない。ともに、哲学専攻でないところが面白い。哲学のない時代、その意味で、無教養の時代といわれる。しかし、「教養」の質が多様化、複雑化、重層化した今日、ただの「教養人」であることすら至難の術なのである。（8・13）

2　大正・岩波教養主義

大正教養主義の中核をなした、西田幾多郎、阿部次郎等の著作は、一言でいえば、哲学的エッセイである。哲学の「文学的形態」（林達夫）である。これに対して、新教養主義の著作に共通しているのは、情報・知のエッセイ的形態とでもいうべきものである。

この手で最も凝縮された集成が、『平凡社大百科事典』（加藤周一編集長・全16巻）である。先の平凡社『世界大百科事典』（林達夫編集長・全32巻）を「思想的」といえば、これは、「情報的」エッセイの集積といっていいだろう。

大正教養主義の理念を大衆化しようとしたのが岩波文庫である。「真理は万人によって求められることを自ら欲し、芸術は万人によって愛されることを自ら望む」で始まる、今なお巻末にかかげられている「読書子に寄す」（昭和2年）は、あまりにも有名である。この流れは、現在、講談社学術文庫やちくま文庫のなかに生きている。「これは、学術をポケットに入れることをモットーとして生まれた文庫である。学術は少年の心を養い、青年の心を満たす。その学術がポケットにはいる形で、万人の物になることは、生涯教育をうたう現代の理想である。」（「講談社学術文庫の刊行にあたって」昭和51年）は、まさに岩波文庫の現代語訳なのである。ここで、二冊あげるとすれば、講談社学術文庫からは、新教養主義の先達ともいうべき大宅荘一『「無思想人」宣言』であり、ちくま文庫では、新教養主義を徹底的に戯画化するが、この流れの沈黙せる支持者、蓮實重彦の『表層批評宣言』である。

文庫といえば、戦後、いうところの新教養主義を生きてきた梅棹忠夫の『文明の生態史観』『美意識と神さま』等が、中公文庫に収められている。ここには、教養主義の破壊的創造をめざした、新教養主義の宣言文とでもいうべき山口昌男『本の神話学』や『歴史・祝祭・神話』が入っている。

教養主義も、新教養主義も、本当に文庫本がよく似合う。（8・20）

3 マンガ

すべてのものが大量化・大衆化してゆく時代にわたしたちは生きている。「教養」の大量化・大衆化が、いわば、情報化の中身なのである。したがって、この流れは、それをどのように忌み嫌おうと、不可避なのである。そして、情報化の手段が多様化する。

マンガは、つい最近まで、教養の対極にあるものとみなされてきた。電車のなかで、大股びらきでマンガを読む若者が、無教養の代名詞とされたのは、目と鼻の先のことである。しかし、マンガこそ、同時代の情報伝達の、あるいは人類史の知的遺産獲得の、強力な手段として認知されだしたのである。マンガが、反教養のではなく、「親」教養の一要素となった時代、これが新教養主義の一大特徴をなすといってよい。

分水嶺を超えたのは、いうまでもなく、石ノ森章太郎『マンガ日本経済入門』（日本経済新聞社）である。ちなみに、タレントの書いた（とされる）本が書籍のなかまに入れられていたのに、マンガ本は差別されていた。この本は、書籍のベストセラーズ欄に入れられた最初なのである。この流れは、同じ著者の『マンガ日本の歴史』（全48巻〔刊行中〕・中央公論社）で不動のものとなった。一読して、「低俗」と誹れる人はまずいまい。

石ノ森の試みを、長年にわたって準備してきたのが、その師手塚治虫である。手塚の膨大な作品のなかで一作をあげるとすると『ブッダ』（全8巻・潮出版）である。信仰というテーマで、「無意識」（人間の自然）を語った傑作である。同じテーマを、全く異なる手法で追ったのが小池桂一『スピノザ』（全2巻・作品社）である。これは哲学者スピノザの「評伝」ではないが、哲学もマンガにされてしまうのである。

マンガと文章の組合せもある。「フォー・ビギナーズ」シリーズ（現代書館）は、マルクスや吉本隆明等の思想を解説して、読ます。このての類書はたくさんあるが、一つをあげるとするなら、南伸坊『ハリガミ考現学』（ちくま文庫）である。（8・27）

4 別冊宝島

新教養主義を最も生々しく生きているのが、カタログ文化である。田中康夫の『なんとなく、クリスタル』（新潮文庫）を笑える人は、いくぶん以上に気楽な人である。田中の「思想的」本質は、田中が敵とみなしている大江健三郎と同じなのである。疑うなら、大江『われらの時代』と田中『ぼくたちの時代』を読み比べてみるといい。

しかし、カタログ文化（教養）で最も目覚ましいのは、すでに一〇〇冊を超えた「同時代人の知識マガジン」別冊宝島シリーズ（JICC出版局）である。新教養主義の棚卸し製品のオンパレードである。

まず安い。新教養主義は、低コストでなければならない。一〇〇〇円で、現代文学の面白さ、くだらなさがたちどころに分かるのである（『現代文学で遊ぶ本』）。

軽い。述べようとしているテーマは軽いものばかりではない。『現代思想・入門』（I・II）は「近代知のパラダイムの転換」を多様な形で展開しようとする。主題は重いのだ。しかし、旧教養主義が、ことのほかつまらぬことを、針小棒大的に、深刻沈鬱に語ろうとするのに対して、この新教養主義は、十分に重いことを、切り口軽く、あくまでも明るく語るのである。

したがって、いかがわしい。旧教養主義は、まともで、かつ知的「特権者《エスタブリッシュメント》」的意識をつよく押し出した。しかし、新教養主義は、猥雑で、平民的でなければならない。はみ出し意識である。権威となったらおしまいなのである。宝島は、ただのいかがわしさに満ちているのである。『保守反動思想家に学ぶ本』は、つい、保守反動になれなくて残念だ、と叫んでしまっているのである。

ところが、これが、新国民的教科書をめざしているのかと思いたくなるほどに、まともなのである。今日、教養の何たるかをわきまえておかねばと思う人は、当然、書棚の上段に『平凡社百科事典』を、下段に別冊宝島シリーズを備えておかなければならない。（9・3）

5 時代小説

「教養」は、「文化」と同時に、「教育」をも意味する。教養主義が、不可欠の要素として、「いかに生くべきか」という青春人生論をもつのは当然なのである。

大衆小説、とりわけ時代物には、大衆教化の色調をもつものが少なくない。吉川英治『宮本武蔵』（講談社文庫）であり、別な意味では、子母澤寛『勝海舟』（新潮文庫）である。

今日、青春人生論と呼びうるものはほとんど色褪せてしまった。「教育」の主題となる理想的かつ定型的な生き方が困難となったからである。しかし、時代小説には、歴史のなかで激しく生きた個性を描くことで、他のジャンルとは趣をことにする良質の「教育」的主題をもったものが少なくないのである。
時代小説の概念を変えた司馬遼太郎の作品群は、新・日本歴史読本の相貌と、不可避な人生を生きる青春物語の顔をもっている。『竜馬がゆく』（文春文庫）であり『花神』（新潮文庫）である。司馬の日本史をさらに書き換える意欲をもって登場した隆慶一郎の『吉原御免状』（新潮文庫）以下の作品群は、司馬とともに、大衆の歴史教養に一大変換をおよぼす衝撃力をもっている。「自由」に生きた人間像の新たな発見を軸にした歴史と人間の物語は、大衆（に読まれる）小説の枠をぐーんと広げたのである。

しかし、実のところ、人生論は花盛りなのである。「いかにしたら成功するか」というビジネスマン向けの「処世術」という形でである。「教養」にふり回されずに、それを「情報」（道具）として処理できる世界は、しかし、それほど生きにくい世界ではないのである。「情報」のチャンネルが無数にあり、「個性」的（と思える）生き方の自己選択の幅が大きくなっているからである。たとえば、渡部昇一『教養の伝統』（講談社学術文庫）や『知的生活の方法』（講談社現代新書）を読めば、その意味がよく分かる。

新教養主義を底で支えているのは、「大衆の教養化」の進化である。特に楽しいことではないが、別に嘆く事態ではないのである。（9・10）

補5 「ソ連社会主義の自己否定と資本主義化　ペレストロイカを超えなければならない。」

『聖教新聞』（1991・8・31）

九一年八月十九日に起きたクーデタを失敗に導いたのは、ペレストロイカの威力です。民主主義の力です。まず、ペレストロイカを始めたゴルバチョフが、最終局面でからくも踏み止まって、大統領辞任要求に署名しませんでした。そして、エリツィンを始めとする改革派と市民たちが、クーデタ派の攻撃にかんぜんと立ち上がり、撃退しました。世界のほとんど全部の国の政府と報道機関が、ペレストロイカ派を支持し、クーデタを激しく非難しました。その結果、ソ連はいっきに「革命」とよびうるような段階に突入しました。「改革《ペレストロイカ》」から「革命」へ転移したのです。

この転移の最大の指標は、七四年間、ソ連を支配してきた共産党の解体です。共産党の解体は、それが支配してきた政府、軍、秘密警察の解体ないしは民主化を意味するだけではありません。ソ連社会主義の自己否定なのです。

マルクスが始め、レーニンが完成させた社会主義は、次のような壮大な理念を掲げてきました。①経済的搾取をもたらす生産手段の私的所有制を否定し、共有（共産）制にする。②合理的な計画経済によって、失業と貧困を根絶する。③政治的抑圧の道具である国家（権力）を廃絶する。④戦争を防止し、永久平和を実現する。⑤「阿片」である宗教を否定し、科学（的認識）を確立する。

ところが、社会主義の歴史は、①を除いて、正反対のものを生み出しました。非効率的な経済と貧困、軍、秘密警察が支配する強制収容所列島、戦争と領土拡大、マルクス・レーニン主義という「国家哲学」。なによりも、民主主義の対極にある中央集権主義の共産党が、国のあらゆる機関を独裁的に支配しました。そしてソ連社会主義は機能麻痺に陥り、立ちゆかなくなったのです。資本主義との競争に負けたのです。その結果、ペレストロイカをせざるをえなくなったのです。

ペレストロイカは、社会主義の失地回復を目したものです。平たくいえば、社会主義の枠組みを残すために、どんなことでもする、ということです。「社会主義」的な政治・経済・文化がどんどん否定されてゆきました。社会主義世界体制の放棄、軍縮と平和外交、中央指令型計画経済の放棄、「市場経済の導入」、一党独裁の否定、自由選挙の実施、思想・信条・表現の自由の実現、等とう。しかし、それでもソ連は衰退をやめませんでした。しかも、連邦中心主義に反対する、独立、主権を要求する民族対立・紛争が激しくなったのです。社会主義の枠組みを残したまま、経済の立直しは不可能である、というところまできたのです。ソ連邦の解体の危機にまで立ち至ったのです。ペレストロイカは、社会主義の立直しを目しました。しかし、社会主義を否定しなければ、もはや「改革」は不可能なところまできたのです。社会主義に踏み止まるのか、社会主義を踏み越えるのか、この選択肢の前で、昨年末来、ゴルバチョフは身をすくめてしまったのです。

改革派は、ゴルバチョフから離れてしまいます。ゴルバチョフは、好むと好まざるとにかかわらず、社会主義に踏み止まろうとする保守派に囲い込まれてしまったのです。その結果としての今回のクーデタ、「飼い犬に咬まれる」という事態が生じたのです。

でも、ゴルバチョフは最後に踏み止まって、ペレストロイカを救う勢力の一翼に復帰しました。共産党の解散と、共産党支配と表裏一体な連邦中心主義の放棄にまず手を付けました。軍、秘密警察等の暴力機構の再編と縮小を実施しようとしています。

中央集権的な連邦の解体は歓迎すべきものです。何にせよ、国家が、そうとう長い間、必要であるとするのなら、国家を開くことと縮小することにつながることは、総て国民にとってプラスなのです。連邦の解体を恐れて、独立要求や、主権国家連邦に反対するのは、時代錯誤なのです。

同時に、ペレストロイカは踏み越えられなければなりません。今、ソ連が目前にしているのは、社会主義の全面否定と資本主義化です。この新過程は、ペレストロイカより数倍の困難と忍耐を国民に要求します。社会主義的な「恩恵」「特権」がなくなるからです。それでも、資本主義化のほうが、社会主義に踏み止まるよりも、未来があるのです。

では、「共産党宣言」以来一四三年、ロシア革命以来七四年、長い間、世界の多くの人の夢であった社会主義は水泡に帰したのでしょうか。社会主義ゆえにとてつもない災厄を人類にもたらした、という意味では、それは歴史の大いなる無駄だったといわざるをえません。しかし、マルクスも明言したように、社会主義・共産主義は、資本主義の「後」に来る、資本主義「以上のあるもの」なのです。資本主義の「前」にあり、資本主義「以下」に終わったソ連社会主義と同じではないのです。しかも、人類史上、比類なき「平等」社会を生み出した二十世紀は、国内的・国際的に不平等と格差を生む二十一世紀に向かっているのです。社会主義は新しい理念のもとに語られうるし、歴史に再登場する意味を失っていないのです。ですから、私は、社会主義の大いなる反省の上に立ちながらも、社会主義の肯定的未来についていくぶん大きめな声で語り続けたいと思っています。

（91・8・29）

『北海道新聞』（1991・12・29）

補6 「印象に残った三冊」

①梅棹忠夫著作集・第14巻『情報と文明』（中央公論社）
②大西巨人『神聖喜劇』（ちくま文庫）
③ダニエル・バースタイン『ユーロクエイク』（鈴木主税訳・三田出版会）

いま、私はどのような社会に生きているのか、どのような人間として生きようとするのか、世界はどのような方向に向かっているのか、という三点に的を絞っての三冊。

産業社会と情報社会の変遷を文明論的視野から追い続けてきた梅棹の論稿からは、戦後史をリアルタイムで生きる思考の心意気が伝わってくる。

大西の全五巻の新版・巨編は、戦争期を活写した文学にとどまらず、林達夫のアクロバット的な「共産主義的人間」論と対極をなす、まさに共産主義の「崩壊」を目前にしての、「共産主義的人間とは何か」に正面から答えるにたる、魂の書である。

③は社会主義の「崩壊」、湾岸戦争、ヨーロッパの統合等、激動する世界史の近未来を、クールに論じたジャーナリストの分析の書。

2　情報化社会の本

コラム「目耳口」2

『北海道新聞』（1992・4・12〜6・14）

1　『日本文藝史』

人は、情報化社会の本というと、すぐに、コンピュータ操作によってできた本のことを思い浮かべる。電脳本などと称したやつをである。そうではないのである。

トム・マッカーサー、光延明洋訳『辞書の世界史』（三省堂）は、人が大脳の外に情報を蓄えるようになってからの五〇〇〇年を回顧して、今や、人間は脳に知識を蓄えるのではなく、脳の外に蓄えた情報をいかに使うかの時代にあるのだ、という。脳に知識をため込むのが才能ある人である、という時代は終わったのだ。

記憶の人、博学の人の時代から、考える人への時代転換を鮮やかに照らし出す傑作が完結した。小西甚一『日本文藝史』（講談社・Ⅰ〜Ⅴ）である。全三三〇〇ページ、まさに大著である。この著作は、情報化社会の進展なしには、超人といえども不可能な作りである。しかも、情報化社会の展開によって崩壊した、社会主義思想にとどめをさす行論に満ちているのである。

とくにⅤの「近代」から、終章の「現代の混沌」まで（ここだけで六六〇ページある）、思想史の教科書がわりにひもとかれるとよい。

しかし、小西は天才などではない。むしろ思考の技術者といったほうが似合っている。小西といういっかいの学者の力技の登場と背中合わせに、『マルクス・エンゲルス全集』（大月書店）、『レーニン全集』（大月書店）が消えてゆく。ＳＬなみに哀惜の声が起こったそうである。しかし、それは記憶魔の天才時代が終わったことも告げているのである。マルクスがどこでどういったかを「真理基準」にして、「学」と「派」を競いあった小型天才たちの活動する場所は断たれた、と観念すべきである。（4・13）

2　小論文

情報化社会では、暗記型の秀才はうんと位置が低くなる。どれだけ頭脳に知識を蓄えるかではなく、頭脳の外に集積されたデータを有効かつ迅速に活用できるか、が問題となるのである。

七九年に導入された「共通一次試験」から流れが変わった。奇問難問中心ではなく、教科書に準拠した問題がベースになりだした。受験生の平均点が六割を超える試験になったのである。その上「小論文」なるものが国立だけでなく私立大学にも加わり、重要科目になったのである。今や「小論文」を書かなければ、受験チャンスが狭まり、合格できないということになっているのである。

高校に「小論文」の時間はない。それで、受験産業から山なす「小論文」の参考書が出ている。これが面白い。高校生に独占させておく手はない。

「小論文」とは頭を鍛えることをめざす、と宣言して格調の高さを貫くのが、田村秀行『田村の小論文講義』（代々木ライブラリー2巻）。これに対して、促成栽培で「必殺技」を伝授すると騒がしいのが、樋口裕一『ぶっつけ小論文』（文英堂）である。「小論文」とはけちをつけることだ、と異端ぶりつつ正攻法をいくかに見えるのが、江藤茂博『アクセス小論文』（土屋書店）。以上がベスト・スリーである。どれも面白い。

しかし、「小論文」は、今や受験の科目という性格を超える段階に到達しつつある。国民すべてが書く時代に突入しているのだ。それで、もう少し上を狙いたい人には、あの『薔薇の名前』のウンベルト・エコ、谷口勇訳『論文作法』（而立書房）をすすめておこう。（4・19）

3　辞書の周辺

『広辞苑』（岩波書店）の改訂新版が売れているそうである。注文殺到で、刷りが間に合わない、と聞く。新語を大量にいれて新規顔見せ風な編集を可能にしたのは、いうまでもなくコンピューターの威力である。傾きかけていた岩波の屋台骨が真っすぐになったのは、喜ばしいことである。しかし、しょせんは化粧直しなのである。売れているのは、旧教養が揺さぶりをかけられている現状をしのぎたいという、後ろ向きの知的流れがまだ強いからである。

どんなに整形を施したからって、原形は変わらないのである。改訂新版『経済学辞典』（岩波書店）がその無残な証拠である。もちろん古いから駄目だ、といいたいのではない。『西洋思想事典』（平凡社・90年・全5巻）。オリジナルは六〇年代末から七〇年代前半にかけて出版された、翻訳物である。牽引に原語が付されていないという、とんでもない手抜き工事ながら、内容は的確で、日もちする、と請けあってよい。

しかし、情報化社会の新しい行き方の代表例は、日本アソシエーツである。最初は、知識や情報を、内容吟味なしに（よく言うと、イデオロギー抜きに）集めて、一冊という風の杜撰さであった。しかし、技術を集積して、いまや、『現代外国人名録』（92年）をだすまでにいたったのである。ただ、この社のものは、値段が馬鹿高いのが難点である。もっとも、知識や情報は高くて当たり前、というのが情報化社会の新しい常識になるべきだ、と私が考えている。

（4・26）

4　情報公開と知識人

ソ連の「ペレストロイカ」は、社会主義を根底から覆した。「ペレストロイカ」と手を携えた進んだのが、「グラスノスチ（情報公開）」であった。

情報化社会は、情報公開の社会でもある。知識人や権力者は、これまで情報を「秘匿」にして、自分たちの地位を守ってきた。自分だけが知っている情報を持つ人のことを、知識人・専門家と呼んだのである。しかし、時が変われば、人も変わる。

湾岸戦争の推移を見事に言い立てたのは、どんな知的グループにも属さない在野の長谷川慶太郎であった。長谷川さんは、公開された情報だけによって、複雑な戦争の推移を単純明快に分析して見せたのである。『1991年長谷川慶太郎の世界はこう変わる』『1992年長谷川慶太郎の世界はこう変わる』(ともに徳間書店)、『21世紀の世界をさぐる』(鷲田との共著、学習研究社)がある。

近代国文学を専攻する谷沢永一は、同じ公開情報にとって、つまり、読者と共有できる情報で『日本を撃つ』『大国・日本の『正体』』『日本を叱る』(ともに講談社)を書く。それに対して、政治学者、経済学者の書くものは、ああでもなくこうでもないの口ごもりである。「秘匿」した情報や知識を小出しに学者商売をしてきたやからが仕事を失う。本当の意味で、思想や技術を競う時代になったのだ。その先頭を行くのが、『サル学の現在』(平凡社)等の立花隆と、『大状況論』(弓立社)等の吉本隆明である。ともに圧倒的支持を得ているだけではない。子細に見ると、情報化社会に生きる思考の「技術者」としての資質をいかんなく発揮していることが分かる。(5・3)

5 情報産業論

農業の時代、工業の時代と異なる人類の産業史の第三段階を情報産業の時代と規定した最初は、梅棹忠夫『情報産業論』である。一九六二年であった。その論文を収録して出来たのが、八八年に出た『情報の文明学』、それを補足したのが『情報論ノート』(ともに中央公論社)である。

梅棹は、情報産業論を多角的に実践してゆく最初の人ともなった。それには大きく分けると二つの方向がある。ひとつは、『知的生産の技術』(岩波新書)に集約される。情報化社会では、誰でも、ステップを踏んで進めば、知的生産が可能になる、ということを示す方向である。知識人や物書きを「聖域」とする概念を一変させたのである。これは個人に向かっての「技術」論である。

一方、集団に対応する情報産業論は、七三年に発足した国立民族学博物館に体現される方向である。梅棹が館長をする民博は、情報センターであるだけでなく、情報産業それ自体なのだというのが、梅棹年来の主張である。その主張と実践が、『メディアとしての博物館』（平凡社）『研究経営論』『情報管理論』（ともに岩波書店）にまとめられた。

梅棹が情報産業論を主張してちょうど三〇年。時代は、梅棹の予測をさらにうわまわるような形で急展開をしている。時もよし、梅棹忠夫著作集・第1期・全15巻（中央公論社）の完結に続き、第2期刊行（全7巻、別巻）が始まった。高価だが、情報化社会に生きるものの必読文献である。

（5・3）

6 『歴史の終わり』

フランシス・フクヤマは、社会主義の終焉と民主主義の最終的勝利を確認するために『歴史の終わり』（三笠書房・上・下）を書いた。この「歴史の終わり」という概念は、厳密にはドイツの哲学者ヘーゲルにもとづくものである。マルクスは終わったが、その精神的な先生ヘーゲルが復活するというのは、多いに意味あることである。

まず特筆すべきは、ヘーゲルの主著が、まったくの新訳で登場し出したことである。三浦和男訳『法権利の哲学』（未知谷）は、近代民主主義を根幹としながらも、その不備を補完しようとするヘーゲル最後の主著である。長谷川宏訳『哲学史講義』（河出書房新社・上・下）は、人類の精神史の清冽な葛藤のドラマ書である。

ヘーゲルが脚光を浴びだしたことで見逃すことができない要素は、ヘーゲル―マルクス―レーニンという思想の進化の歴史が終焉し、ヘーゲルが、その固有な意味でとらえられ出したということにつきない。社会主義の崩壊の大きな原因は、情報化社会に適応できなかったことにあった。これに対して、ヘーゲルは、まさに情報化社会の申し子みたいな精神の持ち主なのである。まったく異種の、一見して無関係な言葉と言葉を自在に結びつけ、新しい意味を発見してゆくからである。イノベーションの精神に満ちているのである。精神の遊戯といってもよい。

このヘーゲルの新たな再構成のための材料を、コンピューターを駆使して提供しようとする壮大な試みが、加藤尚武他編集の『ヘーゲル事典』（弘文堂）である。これでまた、ヘーゲル研究のみならず、現代に生きる思考の活用に、大飛躍がもたらされることを期待できる。（5・24）

7　著作目録・書誌

情報社会において、情報管理ほど大切なものはない。いちばん確実なのは、散逸や誤解を防ぐために、自分の著作目録・行動日誌等を自分で管理・整理しておくことである。梅棹忠夫は、その膨大な数の全著作目録を自分で制作した。その経過が詳しく「著作目録をつくる」（『情報管理論』、岩波書店）に書かれている。たいそう参考になる。

しかし、自分の著作目録、ないしは書誌をつくるのは、意外とやっかいなのである。現物保管を含め、書誌学者にまかせることが出来たらこんな幸運はない。この幸運をもらったのが、谷沢永一（『谷沢永二』『谷沢永一書誌学研鑽』、ともに日外アソシエーツ）と開高健（『開高健書誌』和泉書院）で、編集は浦西和彦である。著作目録・書誌に完璧という言葉はないが、この人の手にかかったら、かぎりなく完璧に近いものが出来る。驚嘆の二語しかない。ほかに、浦西は、『日本プロレタリア文学書目』『徳永直』『葉山嘉樹』（ともに日外アソシエーツ）等を編集しているが、一作一作ごとに新工夫が加えられているからすごい。とうてい真似などできない。

コンピュータやワープロが普及して、情報管理はいく層倍にも簡単になった。誰でも心掛ければ近づきうる種類の領域になった。それでというわけではないが、完璧を期すにこしたことはないが、ある程度の水漏れを恐れずに、自分の好きな分野や、好きな著作個人の、年譜、著作目録、参考文献等を作成することを奨めたい。基礎作業という意味ではなく、目録を眺めているだけで、なんとはなしにその人の全体像が浮かんでくるのである。平石滋が自費出版した『筒井康隆大事典』などというのも、病こうじての副産物である。

（5・31）

8　知的職業へのアクセス

情報化社会の進行の中で、読むことも書くことも、「聖域」ではなくなった。知的職業は、特殊な専門家や閉鎖的なグループ（文壇、学会など）の独占物ではなくなった。結構なことである。それで、知的な職業への道案内風の本が売れるようになるのは当然である。

大学教員は、全国で一五万人、立派な大衆である。大学教授を、ごく普通の職業と同列において、『大学教授になる方法』『大学教授になる方法・実践篇』（ともに青弓社）を書いたのが鷲田小彌太。著者が言うのも何だが大学教授予備軍ばかりか、大学教授にもよく読まれている。

作家への道というと、H・R・F・キーティング『ミステリの書き方』（早川書房）という類の本をすぐに思い起こす。しかし、参考になるのは、むしろ、「情報のインプット&アウトプット」という副題をもつ、立花隆『「知」のソフトウェア』（講談社現代新書）のほうである。ここにも、特殊な技法（秘技）に属するものは何もないからである。

情報化時代に育った若者は、いかなる存在か、どんな要求をもっているのか、このことを知らないで、知的活動の対称を獲得することはできない。ずばり「新人類」の肯定的本質をついたのは、長谷川慶太郎『麻雀・カラオケ・ゴルフは、おやめなさい』（PHP研究所）である。逆をゆくのが、千石保『「まじめ」の崩壊』（サイマル出版会）である。

知的職業につくためには、最低限、ワープロと情報・文献調査が出来なければならない。木村泉『ワープロ徹底操縦法』（岩波新書）、梅棹忠夫『情報管理論』（岩波書店）くらいはクリアしておこう。

（6・7）

＊「梅棹忠夫『情報管理論』（岩波書店）」の箇所は、掲載時、「情報アクセス研究会篇『現代人のための情報・文献調査マニュアル』（青弓社）」であった。すぐ同僚の書誌家が「失策《エラー》」と指摘してくれたが、今回訂正できた。諒とされたい。

9　表現の魔と記憶の魔

情報化社会は、記憶が主体になるのではなく、表現力が主人公になってゆく。たしかに、知的大衆の時代になった。しかし、表現の革新というのはどれほど量的な拡大があっても、自ずと生まれるものではない。必然の産物ではないとみなさざるをえない。

その書く内容にどんな不満があろうとも、村上春樹の『風の歌を聴け』（講談社）がでて、情報化社会にぴったりする表現が生まれた。この影響力は決定的であった。誰でもやすやすと一定の表現力を獲得したのである。

しかし、記憶の魔と表現の魔は対立するものではない。表現の革新をうながすのは、人類の知的遺産を個的に凝縮しうる記憶の才を条件とする。大西巨人がそうである。再刊された『神聖喜劇』（ちくま文庫、全5巻）から、最新刊のミステリー『三位一体の神話』（光文社、上、下）まで、まさに、記憶魔と表現魔のせめぎあい、修羅場である。

哲学者の廣松渉がそうである。異様な文体と記憶の魔力が、思考の領土を広げてゆく。その最新刊『現象学的社会学の祖型』（青土社）をはじめとする数多くの著作を再編・凝縮する、三部作『意味と存在』（岩波書店、2・3部未完）の完成が待たれる。

筒井康隆がそうである。筒井は、書くために、自分にまつわる極私的なことを含めて、あらゆるものを動員しようとする。「腹立ち半分日記」「日日不穏」「幾たびもＤＩＡＲＹ」の類である。しかし、人類の知的遺産をバックに、文芸批評の革新をはかるべく、大胆不敵な試みを、『文学部唯野教授』（岩波書店）、つまり小説体でやってしまうのである。

これら、記憶の魔でもあり表現の魔でもある書き手の読者が、今のところなんの交差もないのは、残念である。（6・14）

3　署名コラム「今を読む」

『北海道新聞』に、不定期連載（1993・5・23〜1996・9・8）。制約や注文はまったくなかった。

93年＝平成5

1　「清貧の思想」批判

△六十万部を越すベストセラー

九二年末から、一冊の地味な装丁の本がベストセラーの中にはいった。今も売れている。実売で、すでに、六十万部を超えた、ともいわれる。中野孝次著『清貧の思想』である。「清く貧しく美しく」は「庶民」の思想である、というキャッチ・フレーズも出てくるが、取り上げられているのは、近代以前の、成功した実業家とか芸術家という特権的な人たち―本阿弥光悦、芭蕉等―が実践した、「清貧」の思想である。生活を極限にまで簡素化し、心のゆたかさを求めた先人に、飽食にまみれた現代人が、いかに生きるべきかを学ぶ、というスタイルの本である。衣食足りて、礼節を知る、というごく当たり前のことをいおうとしているのか。そうではないのである。

この本が売れている背景には、「バブル経済」の崩壊を、無条件に歓迎する著者の主張がある。

その主張を、自明のものとして受けいれ、流布する、マスコミや読者の声がある。「飽食」よさようなら、「清貧」さんこんにちは、というわけである。しかし、バブルがはじけた、「歓迎！」、株式投機と土地転がしで熱に浮かされた、「反省！」、で済むものなのか。

ところが、経済界をはじめ、過熱した日本経済の先行きを危ぶんで、「泡」という実体のないものでなく、「もの」の生産を優先する経済運営を、という声がまたもや大きくなっている。その声に反論し難い「空気」みたいなものが出来上がっている。しかし、「バブル」経済とは何なのか。

△産業の中心「消費」へ移行

分けて考えなければならない三つの次元がある。

第一は、建設業界をはじめとする「闇」入札や、証券会社が大口取引先の損失を補塡したというようなところに典型的に現れている、競争原理に反した不公正取り引きの前近代性から生まれる「泡」である。いうまでもなく、これははじけたほうがいい。

第二は、大口土地投機——土地転がし——が生み出した、土地価格の狂乱的な高騰という「泡」である。これは、土地投機に限らず、自由競争の中で不可避に生じるものである。過当競争によって生まれ、はじけて、調整されざるをえない性格のものである。

しかし、第三は、以上の二つと根本的に性格を異にするものである。日本は、すでに、第二次産業主体から、第三次産業主体の経済構造への移行を終えている。このことは、第二次産業や、第一次産業が、つまらなく、軽視されていいものだ、等ということを意味するのではない。産業の中心が、「生産」中心から、「消費」中心に移った、ということである。それに応じて、生活のスタイル、価値意識も変わる、ということを意味しているのである。この消費中心の経済、生活スタイル、価値意識は、「泡」なのか。はじけてしまって、すっきりした、などといって済ませるものなのか。

△いかがわしく簡便な選択

「バブル」経済の崩壊というフレーズが、大いにいかがわしいのは、第三次産業、さらには、第四次産業へという、経済の中心構造の変化を視野の外におき、「泡」とか「飽食」とかいう扇情的な「キー・ワード」を用いて、出来もしない産業構造の「再転換」や、生き方の「再点検」をあおることである。はっきりいってしまえば、それは、時代の転換が要求する変化や摩擦に耐えることが出来ず、後ろ向きに走り出して、「肩の荷」を軽くしようという、簡便な選択なのである。いかがわしいだけでなく、あからさまの「反動」である。

中野がいう「清貧の思想」などというものは、時代錯誤である。しかも、現在、もし「清貧の思想」が可能だとして、それは、「大量生産、大量消費」を基本にした高度産業社会の成熟の上にであって、その逆ではないのである。やってみたら分かるが、「スモール・イズ・ビューティフル」は、十分にお金とエネルギーを要するのだ。

（5・23）

2　国際貢献の普遍的な道

△湾岸戦争に膨大な「戦費」

湾岸戦争勃発以降、日本に対して、国際貢献の要求がにわかに高まった。米ソ二大強国による世界「支配」の構造が崩れ、これまで、米ソの圧倒的に大きな政治と軍事力の中で安住・従属してきた諸国は、その国力にふさわしい仕方で、世界の秩序安定と発展をはからなければならない環境に入ったからである。日本は、アメリカの要請によって、湾岸戦争に膨大な「戦費」を支出した。しかし、世界の経済戦争でベタ勝ちの日本に対する風当たりは、金だけ出して、汗も人の命も出さない、という形で、より強まりこそすれ、弱まらなかったのである。その声は国内からも上がり、日本は戦後憲法下ではじめて、ＰＫＯという名の「海外派兵」を行なうこととなった。

今日の世界情勢は、一国だけが「平和と安定と繁栄」を享受し、国際上のさまざまな困難に、目や耳を閉ざしてやり過ごすことを許していない。そんなことを続ければ、世界中から総スカンを食らってしまう。まともな神経で、表通りを歩くことが出来ない羽目に陥る。これは、日常世界のつきあいにおいても、国際間のつきあいにおいても、本質的に変わりはない。特に、日本のような経済大国では、そうだ。「国際貢献」とは、国際社会で生きていくための避けられない費用―国益とは直接関係のないコスト―なのである。だから、国際間の安定と地域格差是正のための費用等を、ほんのつきあい程度で済ますわけにはゆかないのである。

△軍事強化なら近隣国警戒

では、非難され続けている日本の国際貢献度の実績は、どうであろうか。「資金」という面では、十分といえるかどうかを別にして、比較して、それほど非難にあたるものではない、といってよい。

湾岸戦争での支出は、当事国をのぞいて、いちばん大きかった。政府途上国援助（ＯＤＡ）では、一九九一、九二年実績で、アメリカを抜いて世界一である。これは、軍事的貢献を差し引いて、あまりある程度だ、というわけにはゆかないだろう。しかし、日本の本格的な軍事強化を通した「貢献」は、近隣諸国はもとより、軍事同盟国アメリカのもっとも警戒するところである。これは選ぶべき道ではない。だから、九三年東京サミットでも明らかなように、ロシアの国内安定が、世界の安定にとって不可欠な要素であるという名目のロシア援助を約束しなければならなかったのは、日本だったのである。三〇億ドルというのは、半端な額ではないのだ。

国際貢献の形は、各国一様ではない。国情に合わせたゆきかたがある。日本には、日本の進むべき道があり、アメリカのような形に少しでも近づこうとしても、無理だし、そんなことを試みたら、新たな国際摩擦を生むだけである。

しかし、どの国にとっても、共通で、普遍的な「国際貢献」はあるのだ。それは、自国の安定・繁栄・平和を維持発展させるという、ごく平凡だが困難ないきかただ。東京サミットが如実に示したことは、日本を例外として、自国が実質マイナス成長で、失業率が一〇％を超えているような事態の下では、積極的で安定的な海外援助など望むべくもないということであった。

△ソ連敗北、アメリカ衰退

国際貢献の責任を十分に果たすためには、自国に問題があったり、支出をまかなうだけの経済的裏付けがなければ、永続的な貢献は出来ない。それに、自国民に過度で永続的な犠牲を強いる援助は、自国にしっぺかえしとなってはね返ってくる、と見なければならない。冷戦構造の崩壊は、旧ソ連の敗北、アメリカの衰退という結果を生みだした。かの国の国際支配―世界の「安定」をはかってきたという意味では、これも、国際貢献の一種であるといってよい―が、十全でなかったとの、当然の結果である、といってよいのだ。このかぎりで、日本の国際貢献は世界に誇っていい点があるのである。アメリカは、あれだけの経済的困難の中でも、膨大な軍事支出を行ない、犠牲的に振る舞っている、というのはいかにも聞こえはいい。しかし、自国がきちんとした上での国際貢献がもっともナチュラルなことに変わりはないのである。（7・18）

3　大学は廃棄物になるのか

△二五年間で急速に大変化

二五年前、全国の大学を『改革』の波が襲った。大学は最も古い社会組織のままだった。学問も自閉的だった。「改革」のスローガンは、講座制の廃止と西欧中心主義的な学問体系の改編から、大学解体と反科学（学問解体）にまで急進化した。大学「改革」から、大学「否定」まで進んだのである。長いところは三年におよんだ「大学紛争」は、有効な「改革」をもたらさないまま終わった。しかし、「紛争」はけっして無駄ではなかった。大学と大学教授の「権威」は有名無実化し、大学の風通しが良くなったからである。

このとき、大学の「改革」と「解体」の先導者は、学生・大学院生・助手層だった。それを叩き潰したのは、文部省であり、教授会であった。

この二五年間、大学は猛烈な勢いで大衆化した。大学進学希望者が五〇％を超え、九三年度には、進学率が四〇％を超えたのである。ところが、大学数も、学生数も急増し、産業社会も激変したのに、大学の制度は、管理ばかりでなく教育や研究のシステムにおいても、あいかわらず古いままをひきずってきた。高度産業＝知識・技術社会の進展のなかで、現在の社会が到達した水準に適合するような形へ大学を変えなければ、大学は廃棄物化する、という地点まできたのである。

△文部省主導で改革の波

今、ふたたび、「改革」の波が全国の大学を洗っている。このたびの先導者は、文部省である。文部省の「改革案」を受けた教授会である。学生はまったく静観したままだ。

文部省案には、三つの柱がある。①教養課程の廃止によって、教養科目と専門科目の融合をはかる四年間一貫教育の実現②研究・教育の高度化が要求する学部教育の延長としての大学院の拡充と創造的研究を推進する大学院大学の新設③大学ならびに大学教員の自己点検・自己評価の義務づけ。

文部省は、国家機関の中でももっとも保守的なところである。その点からいうと、この案は、誰も大きな声では言わないが、画期的なものだ。しかし、この程度のことは、二五年前にやっておくべきことだった。事態はもっと進んでいるのである。

今、日本社会の趨勢は、「統制・規制」の緩和・廃止である。その裏には、統制・規制を極度に強めた社会主義国の失敗と崩壊という現実がある。ところが、現在、大学には、教授会と「定員制」という二つの社会主義的特権がでんと腰を下ろしている。どういうことか。

△中世のギルドそのまま

大学教員は、一度採用されれば、定年まで首にならない。降格も減給もない。本人の同意がないかぎり、配置転換さえない。研究教育に熱心な教員も、まったく不熱心な教員も、待遇・発言権ともに同じなのである。それを保障しているのが、大学の行政管理・教育研究・人事等の全権を握っている教授会であり、その構成員である教授の地位である。ここは、中世社会のギルド（親方共同体）そのままなのである。

大学のなかに競争がないだけではない。大学間にも、基本的には競争はないのだ。エッと思われるかも知れない。「定員制」によって、すべての大学に、学生数が割り当てられているのである。つまり、教育サービスも、経営努力もなしに、学生（授業料）を確保できるような仕組みになっているのである。これで、大学が停滞し腐らないほうが不思議なのだ。

社会主義的組織や規制も顔負けの教授会や「定員制」を改めないかぎり、大学が生き生きとした教育・研究の場に変わることが難しい、というのが私の意見である。こんなことをいうと、とんでもない、まったくの「空想事」だといわれている。同僚ばかりでなく、ジャーナリストにもである。でも、社会主義の崩壊は、誰も予想できなかったのに、生起した。大学の資本主義化も、遅かれ早かれ、実現する、と断言してよい理由はあるのだ。（9・12）

4　理念などなくても思慮深く生きられる

△ナチズムなどが典型

理念と理想とは、同じ言葉である。今の若い子たちは、生きる目標をもっていない、という場合の目標も、理念と同じ意味だ。マルクスは、人類が到達すべき最終目標を、共産社会とみなした。この場合の最終目標も、理念と同じ意味である。

たしかに、個人が生きる目標をもち、社会が明確な目標をもっていると、なんだか安心することができる。どんな困難にであっても、あるいは、ジグザグな道をたどっても、たどり着くべき目標が決まっていると、それに向かって進む勇気が湧いてくる。

ところが、現在の日本には、個人にも、国家にも、明確な理念がない。日本だけではない。欧米諸国も同様である。理念なき国家、目標のない人生とは、バックボーンのない軟弱な存在のように思える。

でも、そうではないのだ。国と国民が一丸となって実現すべき目標を掲げて進むような状態こそが、異常事態なのである。ナチズムや戦前の天皇制という全体主義が、その典型だった。つい最近ではソ連社会主義もそうだった。こんな社会を誰が望むだろうか。

△いかにも美しい響き

個人の生活においても同じことである。若いときに掲げた目標を、生涯をついやして追求する、というのはいかにも美しく響くだろう。しかし、それは、選択肢の少ない、制限された生き方しか許されなかった時代の産物なのである。そこからは、おうおうにして、挫折に満ちた、狭くて潤いに欠けた人生が生まれたのである。

もちろん、国家にしろ、個人にしろ、その都度、一定の目標をもって進まざるをえない。行き当たりばったりといっても、程度の問題である。現在、「米の関税自由化」が、日本の将来を決める重要因子になっている。卒業を控えた学生にとって、どこに就職するかが、その人の人生を決める重要な因子になる。だから、思慮深く交渉を重ねたり、真剣に就職試験に当たらざるをえない。

しかし、どんな問題にしろ、究極の解答、究極の選択肢しかない、という事態ではないのである。当面の目標が到達できなくても、再起不能ではない。東京が駄目なら、名古屋があるさ、名古屋が駄目なら、大阪があるさ、でもいいのだ。これでは、いかにも無責任に響くだろうか。

△せいぜい希求の対象

もう一度、そうではない、といってみたく思う。

国家も個人も、究極の目標、つまり、理念をしっかり固めて、それを実現しようとするよりも、昨日よりもましな、よりよい状態を目指す状態のほうが、成熟度が高いのである。理念にしがみつかなければ、生きてゆけない国家や国民は、実のところ、素寒貧なのだ。少し高級にいうと、理念とは「不幸な意識」なのである。

もちろん、人間である。あらまほしきものを求める。希求する。求めたからには、実現しようという人たちが現れる。でも「理念」にしたがって一国を、全国民を動かそうという試みは、繰り返しになるが、かならず悲惨な結果を招いてきたのである。だから理念は、せいぜい、希求の対象ではあっても、実現の対象としないほうが、いいのだ。

私たちは、やっとのこと、大小の「理念」によって右往左往されることのない状態に、今、到達したといっていい。その状態が、私たちをわくわくさせないからといって、あるいは、手持ち無沙汰に感じられるからといって、文句をいうのはお門違いなのである。

ただし、一定の理念なしに、その都度、多様な選択肢のなかからベターなものを選んでゆくというのは、たしかに、骨が折れる。思慮深さを、なによりも、着実さを要求する。掛け声の大きさや一時のはったりでは、事は進まないからである。

私たちは、理念を性急に求めない、少なくとも、当面は理念を求めないからこそ、思慮深く生きられる、といい切ってみたく思う。（10・24）

5　再建の基盤得たロシア

△ようやく「普通の国」に

十二月十二日、ロシアの新憲法国民投票と新連邦議会選挙がおこなわれた。マスコミ等では、極右・自由民主党と共産党が進出し、改革派をはさんで三すくみの状態になり、ロシアの混迷はいっそう深まった、というように報じている。しかし、これで、やっとロシアも、普通の国になった。

国家再建が後戻りのない軌道にのる端緒をつかんだ、というのが私の感想だ。

一九九一年の旧ソ連の崩壊以降の過程は、ちょうど日本の敗戦後の経過と、写真のポジとネガの関係のように進んだのが、よく分かる。

一九四六年四月、戦後の日本で、はじめての総選挙がおこなわれた。第一党には自由党がなり、第二党の進歩党とともに、「国体護持」（天皇の統治）を基本綱領にかかげていた。政治権力は、まだ、旧権力と連続していたのだ。

四六年十一月三日、日本国憲法（象徴天皇制）が公布され、四七年三月三十一日、帝国議会が幕を閉じた。同年四月、新憲法下で、はじめての総選挙がおこなわれた。そして、五月三日憲法が施行された。ここにはじめて、現在に続く戦後日本の政治権力が、制度上の基盤をえたのである。

△戦後の日本と同じ状況

今回のロシアの国民投票と総選挙は、四七年四月の日本の総選挙と同じ状況でおこなわれた、とみなしてよい。旧体制が、最終的に、制度上の基盤を完全に失ったのである。つまり、旧議会は、日本における旧帝国議会の位置にあたる。いな、制度上は、大統領の権力を上回る、最高権力であった。「すべての権力をソビエト（議会）へ」という旧共産党権力のスローガンに対応する、ソビエト権力をそのまま引き継いだ強大な旧権力だったのだ。

四七年の日本の総選挙の結果は、社会党が第一党になった。しかし、自由党、民主党との三すくみの状態で、その後、保守も、革新も、離散集合を繰り返した。ようやく政治状況が落ち着いたのは、五五年、社会党と保守党がともに合同して、いわゆる五五年体制が出来上がってからである。つまり、政治のいちおうの安定のために、戦後十年が必要だったのである。

だから、広大な領土をもつロシアでは、少なくとも、「戦後」処理のために、これから十年くらいの歳月を必要とする、というのが私の予見だ。今回、その確実な第一歩を踏んだのである。

ところが、多くは、ロシアの今回の結果を、まったく別様に読んでいる。改革派の「敗北」で、ロシアはますます混迷を深め、迷走をはじめた、というのだ。極右自民党と共産党の進出によって、左右分極、ファシズムへ向かう危機さえある、という意見もある。

△小さい「不満層」の存在

しかし、ロシア自民党のような民主主義的な見解をもつ党は、ほめられた存在ではないが、むしろ普通の国のものなのである。しかも、この党を支持した人たちは、旧共産党権力への復帰を望んでいるのではないのである。もちろん、ファッショなんかではない。

共産党の「進出」は、社会主義権力の崩壊後、改革路線がゆきづまっていることに対する一般的なゆりもどし現象と、旧共産党権力下で特権と保護をえていた層の存在と、社会一般・権力一般に対する不満層の存在を考えると、むしろ、小さかった、とみなしたほうがいいのではないだろうか。日本だって、絶対反対が二割以上いるのだ。

大統領府と「改革」派についていえば、改革を進める重大な障害が取り除かれたのだから、具体的で現実的なプランの策定と実行の腕が、いまこそ問われているのである。それに失敗すれば、次の選挙で、確実に権力の座から滑り落ちるという「証文」を、今回みずから発行したのである。

他国のことだから、気軽に、楽天的にいうことができるのだ、というなかれ。ロシアの国を、危険な、遠い謎の国としてではなく、普通の国とみなし、その国内の自助努力をうながすような形で、気軽に、ごく当たり前につきあってゆける基盤ができたのだから。

（12・9）

6　スピノザのデモクラシー

△首相の評価は3タイプ

細川首相の人物評は、大雑把にいえば、三タイプある。

第一。江藤淳をはじめとする保守派論客の一部は、日米開戦への道を開いた祖父の近衛文麿首相と同じように、実体のない国民的人気を背景に、日本を破滅に導く道を進む危険が、大だ、という。

第二。細川は、殿だ。中身は、空っぽ。カバー・ボーイがいいのだ。こう、多くの評論家やジャーナリストが、口にも出し、身振りでも示している。

第三。細川は、たんなるリモコン人形ではない。いいたいときには、きちんといっている。しかも、実行している。おみそれした。こういう声も出てきた。

現在は、大衆が権力を握っている。その権力の思考と行動を、首相の性格に還元するのは、愚の骨頂だ。それを承知でいえば、私の細川評は、第三に近い。いずれにしろ、権力ならびにリーダーに対するスタンスの取り方は、とてもむずかしい。

△真理を求め闘う哲学者

私のいちばん好きな哲学者は、スピノザだ。十七世紀、自由貿易国オランダの絶頂期に生き、権力や世俗から離れて、静かな森の中で瞑想した、自由思想家というイメージが定着してきた。

しかし、スピノザは、ユダヤ教と決別し、キリスト教の聖典批判をし、時の反共和派とイデオロギー闘争をも辞さない、闘う哲学者だった。スピノザが、人目につかない森の一軒家に住んだのは、政敵たちの暗殺を恐れてのことであった。じっさい、彼のパトロンの一人であった、当時のオランダ宰相は、白昼、暴徒によって虐殺されている。

相続をめぐって家族と闘い、信仰をめぐってユダヤの同胞と決別し、聖書批判によって無神論の烙印を押され、政治権力をめぐる闘争にも参加したスピノザは、根っからの「闘争」好きだったのか。そんなことはない。闘いは、むしろ、現実に彼が考えることを強いた、結果であった。

闘うこと自体が重要なのではない。何のために闘うかだ。

スピノザは、真理のために闘う。そのためには、思考の自由を確保しようとする。そのために、招かれた大学教授の職も断った。主人持ち（大学の所有者は殿様だった）になりたくなかったからだ。ユダヤ教を捨て、聖書を批判したのも、同じ理由からだ。では、なぜ権力者に加担したのか。共和派が、自由主義を推進していたからだ。

△欲望を肯定し筋道示す

しかし、スピノザは、より多く、大衆のために闘おうとした。「大衆」とは、「多数」というほどの意味だ。

大衆は、愚衆であった。大衆にとって、真理は、二の次であった。大衆の望みは、しあわせ、であった。平和、安全、豊かさ、である。それが、大衆の欲望であり、自然であり、無意識であった。

大衆のためとは、この無意識のため、ということを意味した。この無意識を納得させない「真理」は、それがどんなに正確であっても、不毛だ、というのがスピノザの結論であった。

スピノザは、人類史上、大衆民主主義を主張した最初の人だ。大衆の自己統治＝権力を、よりベターな政治のありかただ、と断言した。

でも、彼の眼前にいた大衆は、愚衆であった。自分たちの目先の欲望にしたがう無意識であった。スピノザはどうしたか。

大衆の欲望＝無意識を肯定する。しかし、無意識の実現には筋道がある。当然、ジグザグした道だ。それは、直ちに、大衆には見えない。その道を示さなければならない。しかし、道を進むのは、大衆自身だ。開かれていない未知の道へと誘うのは、むずかしい。この困難をあえてするのが、真理のために闘う思考者の役割だ。大衆のために、しかし、大衆に抗して、これがスピノザの最後の言葉だ。それゆえにこそ、スピノザのデモクラシーは、高度大衆社会に生きる私たちに、私に、途方もなく大きな光を投げかけるのである。（2・20）

7　「教養専門の時代」到来

△「素人の目」が必要な時代

今年も、多くの新入生、新入社員が、学校の、職場の門をくぐる季節になった。それで、あらためて、高度知識・技術社会を生き抜くための、不可欠なテーマを提示したい。

知識と技術が高度化し、細分化されてゆくにしたがって、専門家の役割は、ますます大きくなる。特殊な領域の知識や技術は、そこを専門とする人たちにしか分からないものになってゆく。現代が、専門家の時代といわれるゆえんだ。

知識と技術の高度化は、しかし、同時に、知識・技術革新の高速度化でもある。知識や技術は、つぎつぎに形態転換をとげてゆかざるをえない。今日通用した知識や技術も、明日は使い物にならなくなっているかもしれない。知識と技術革新の周期は、どんどん短くなってゆくのだ。

しかも、知識や技術が高度に細分化され、専門化してしまうとどうなるか。専門家は、社会全体のこと、他領域のことに対して、関心も考察もおよばなくなる。だから、現在ほど、素人の立場、素人の目が必要な時代はない、といわれる理由はあるのだ。事実、一見して、政治や芸能ばかりでなく、現代は、まさしく素人の時代と呼ぶにふさわしい、専門家受難の時代である。

△自閉する生き方からの脱却

でも、素人といっても、程度の問題だ。知識や能力は、いうまでもなく生まれつきのものではない。社会全体が高度知識・技術化したのだから、おのずと身につくものだ、というのでは不十分である。それにはやはり、そうおうの教育と訓練が必要である。ずぶの素人ではやってゆけない、というのが現代の特徴なのだ。

そこで私は、教養を専門的に習得・教育・研究する必要性を強調したい。教養とは、人間がその時代をよりよく生きるために必要な、共通の知識と技術の総体、というほどの意味だ。平たくいえば、すべての人がよく生きるために必要な「常識」（ボン・サンス）である。だから、専門の基礎部門でも、専門に従属するものでもない。しかし、教養のない専門人は、現在社会で、よりよく生きることができかねるという意味でなら、教養は専門の前提＝基礎といってもいい。

そのうえ、より高度な教養を専門的に習得することによって、自分の持ち分の専門に変化が生じても、別な専門への移行がよりスムーズになる。つぶしがきく、ということだ。また、どんな専門に進むにしろ、自分の専門にたてこもって自閉するという生き方をまぬがれることができる。さらに、重要な点は、専門から教養へ進むのはそうとうに難しいが、教養の専門から、ただの専門に進むのは、比較して、容易だということだ。このことは、うんと強調されていいと思う。

△脚光を浴びる「総合」学部

しかし、現在、このような教養専門の時代を迎えているのに、それにふさわしい準備はなされているだろうか。否、である。専門は、比較的、教師の手から生徒の手へ、教え手から受け手へ、と受け渡しが容易である。それに、多様な思考様式を必要としたり、試行錯誤する要素は少ない。しかし、教養を専門的に教育することは、たいそう難しい。教師、教える側は、さまざまある入り口くらいなら示すことができる。でも、大部分は、生徒本人、教わる側が、自学自習、自分の頭と手を動かして習得せざるをえないのである。「教養」とは、自分で耕すこと、自分で考えることが基本なのだ。

でも、教養の専門的な習得を、学び手の自主性にまかすだけでは不十分だ。それがどんなに困難でも、教えるための制度、教える人間の養成は、絶対に必要なのである。これは、学校でも職場でも変わらない。ところが、日本では、大学から、制度的に、一般＝教養教育が消えようとしている。逆に、総合××学部という形で、教養専門教育・研究が脚光を浴びはじめている。現在進行している、大学教育の変革の波の第一核心はここにある、といってみたい。この時代の新しい波を、新入生、新入社員はどう泳いでいこうとするのか、注目している。

（3・27）

8　過疎地で快適に生きること

△金と人集まるのが都会

この春、あるシンクタンクの研究員の仕事を手伝った。高等教育機関の空白地に、大学をつくるというプランの作成である。当初の立案の趣旨には、一種の過疎地対策としての大学誘致という色彩が強く出ていた。

工場、施設、大学の誘致等々、過疎地対策として、これまでさまざまな手が打たれてきた。だが、工場は、安い労働力が集まらず、採算が合わなくなれば、すぐに撤退する。ゴルフ場はペンペン草がはえる。大学は、若者の数が減ってきたら、より学生の集めやすいところへと移転する。結局、膨大な誘致費をはじめとする地元の犠牲にもかかわらず、過疎化はとまらない、ということになる。

もちろん、誘致主導の過疎化対策をしないより、したほうがましだ、という意見もある。でも、人と金を集めれば、よし、という方式では、いつまでたっても過疎化対策は、空疎化する。というのも、人も金も集まるところが過密都市だからだ。

なぜ都会に人と金が集まるのか。便利だからだ。刺激的だからだ。快適だからだ。つまりは、住みやすいからだ。ごみごみし、空気も汚く、騒音に満ちているという不満の声にもかかわらず、都会は人を、とりわけ若い人を吸引してやまない。過密も、汚染も、騒音も、特に若い人を引きつけるのである。いってみれば、猥雑さである。エネルギーであり、生命力である。

だから、過疎地に大学をただ誘致するだけでは、学生集めで都市に負け、縮小と廃校の憂き目にあうのがおちなのだ。しかも、大学の膨張期はすでに終わっている。リストラ期に入ってしまったのである。こんな時期に必要なのは、地元ばかりでなく、日本はおろか世界中から学生を吸引できうるような、魅力あるカリキュラムの設定、有力な教授陣の招へい、徹底した小人数教育・研究の実施が可能な大学である。つまり、都会の大学で代替困難で、しかも大きな費用のいらないプランである。誘致の時代は終わった、吸引の時代になった、ということだ。

人は、快適なところに集まる。快適に住んでいる人のところに集まる。これが自然の法則だ。これを押し止めることはできない。でも、都会の快適さだけが、快適さのすべてだ、というわけではない。七割の人が都会の快適さを享受したいと欲するならば、三割くらいのアンチ都会派の人はいるのだ。過疎地だからこそ快適に生きられる、という人である。
△従来の「対策」やめよう
いちばん大切なのは、こういうことではないだろうか。

自分が、自分たちが、過疎地で快適に生きていかなければ、快適に暮らす努力をしていなければ、どんな施策を講じても、過疎化はとまらない。若者の流出は防げない。だから、思い切って、従来の過疎化対策などやめることだ。それよりも、自分たちが快適に暮らし、生きるということを第一にすべきなのだ。それでなくても、過疎地で快適に暮らそうと思えば、パワーがいるのである。費用がかかるのである。

私は、三重県の伊賀で八年、北海道の南空知の長沼で九年、過疎地に住んできた。三十三歳の働き盛り、子育て盛りのときからである。どちらも、過疎中の過疎地である。もちろん、子供の学校では苦労した。しかし、快適に住んでいた。朝は朝星、夜は夜星、昼は梅干食べながら…である。そうしたら、人は、ぼつぼつ集まってくるのである。過疎地の快適さを求めてくる人は、思ったより多いのだ。条件さえあえば、住みたいという人は、うんといる。ただ、過疎地に現に生きている人、そこで生活を立てている人の多くは、快適に生きていないのである。少なくとも、そう思わざるをえないのである。そういうところに、人は集まるだろうか。ましてや、若者は残るだろうか。

△吸引力も障害になる

もちろん、過疎地における快適な暮らしも一様ではない。快適さのための工夫もいる。都会と同じ快適さは、ない。しかも、吸引力のある過疎地には、人がどんどん集まってきて、過疎地独得の快適さがなくなってくる。過疎地の暮らしの快適さを守るためにには、人は集まってくることが障害になる、ということを知っておくべきだろう。

（5・15）

9 改革の時代の心性

新しいことはかならずいい、とはかぎらない。むしろ、逆である。世界が、どれほど激変期にあるといっても、世界のほとんどは、人類が長い間積み上げてきた古いものからなっているのである。新しいといわれるものは、表層にすぎないのだ。その九九%はがらくただ。

しかし、どんなにいいものでも、いずれは古くなり、廃れていく。素晴らしいものでもかならず滅びる。これが歴史の法則だ。古いもの、滅びたものに固執するのは、どれほど価値あるものを守ろうとする態度であっても、骨董趣味の類なのである。個人の態度として許されても、社会全体の態度としては、ばつである。

△どんなときも好奇心を

どんなときにあっても、新しがりやの好奇心を忘れないのが、いい。ぽんこつにならないためばかりではない。世界が新しく衣替えするときの重し石にならないためでもある。好奇心を失ったときの最良の態度は、引き下がることである。第一線から退くことだ。

今、世界は、激変期にある。東アジアで残っているとはいえ、冷戦構造は、基本的に崩壊した。これまでのやり方、システムが通用しにくくなった時代に入ったのだ。旧社会主義国だけではない。アメリカも、西欧も、アジアも、そして、日本とて例外ではない。

日本にかぎっていっても、おそらく、現在、明治維新や敗戦の激変期と同じ規模の「改編」が要求されている、と考えて間違いない。変わらなければ、これまでの繁栄も平和も安定的に維持できない、ということである。

変わるということは、苦痛を伴うものだ。単に少数の特権者の利害ばかりでなく、これまで安定的な生活をしてきた膨大な数の人たちの利害に手をつけることでもあるからだ。もちろん、制度改革は、自己目的ではない。国民多数の利害に、結果として、有利に動くから、そうするのである。JRの改革を見ればいい。

△日本は「特例措置」を外せ

しかし、国民の利益に直接適合しないことも、あえて選ばなければならない、というのが、現在の激変期における日本の立場なのだ。国際的な平和の負担、市場開放・規制緩和・G7なみの税制改革、高物価・高賃金制の是正、などである。アメリカやロシアでも「普通の国」になろうとしている。日本がどうして「普通の国」以外でいいわけがあろうか。

大切なことは、日本が「特殊な国」として待ち続けてきた「特例措置」を全部外すことである。なぜなら、今後、世界から「孤立」して、日本がこれまで通り生きてゆくのは難しいからである。なるほど「小さくてもキラリと光る国」などという者もいる。しかし、実態からいって、日本は、すでに「小国」ではない。あるいは「小国」になったとしようか。だが、それは、間違いなく、不安と貧困の国である。国民のうち、何人が、孤立と貧しさの道を選ぶであろうか。

新しい制度、新しい人間関係、新しい心性を生み出すことは、しかし、よほど簡単ではない。

△「成功者」の一掃もカギ

第一。どんなにそれが必要と分かっても、時期が問題である。準備に準備を重ねても、時の流れに乗らなければ、うまくゆかないのである。今、政治改革は、圧倒的多数の国民の支持をえている。時はきたれりである。これを推し進めるしかない。しかし、この政治改革は、第一歩にすぎないのだ。この改革は、経済改革、文化改革という、社会全体の改革の序曲であり、基盤つくりである。必要なのは、全体改革まで突き進む粘り強いエネルギーである。

第二。基本的に、改革の障害は、頑迷固陋な反改革論者にあるのではない。むしろ、これまで、日本の改革を担い、十分に成果をあげた人―成功者―たちにこそある、といいたい。なぜか。彼らこそ、現在、その成果によって、最も多くの利益をえているからである。改革は、現在成果を享受しているこの人たちを、一掃することなしには、成功しないのである。これは、簡単ではない。強大なエネルギーがいるのだ。

（6・26）

10　「優しい政治」結構だが……

△空疎な村山首相の言葉

「タフでなければ生きてゆけない。やさしくなければ生きてゆくかいがない」。ごぞんじ、ハードボイルド作家チャンドラーが創造した、私立探偵フィリップ・マーロウのはいたせりふである。自社連立村山政権のキャッチフレーズ、「人間にやさしい政治」を見たとき、一番最初に浮かんだ言葉だ。

　村山首相の言葉は、いかにも、聞こえがいい。しかし、どうしても、うつろに響く。なぜか。「やさしい《ジェントル》」には前提がいるからだ。やさしさだけでは生きてゆけない。「タフ」さが必要なのである。とりわけ、政治においてはそうである。

　タフな政治家といえば、小沢一郎である。「強腕」とは、とりもなおさず、タフのことだ。でも、イメージ的にいえば、小沢にはやさしさが欠けているように見える。小沢自身も、タフさを売り物に、イメージアップをはかっている節がある。黙っておれについてこい、である。だから、小沢にとことんついていっても、だいじょうぶなのかな、という危惧感はつねに残る。気をひくリップサービスがないからだ。大衆迎合、といってもよい。いずれにせよ、政治に「やさしさ」（だけ）を求めるものにとっては、かわいげがなく、むっと来るのである。
△相対的な「ハト」と「タカ」
　村山政権の金看板は、護憲の河野、小さくきらりと光る武村ともども、「ハト派政権」である。おのれを人前で「やさしい」と自己紹介するのは、ぞっとしない。しかし、それ以上に、「私はハト派です」などとやにさがっているのは、気持ち悪いものだ。たんにやにさがっているだけではない。自分たちの対立者を「タカ派」と難じ、おとしめているからである。

　だが、ハトか、タカか、は相対的な言葉である。つい最近までは、非武装中立か、自主防衛を、意味した。しかし、現在、何を軸に両者を分けるのか、軍事的な国際貢献に、慎重にか、積極的にか、という「言葉」上の違いはある。しかし、国際貢献に、反対か、賛成か、という対立軸はすでにないのである。ハトとタカを種別化する基準は、個体差にあるのではなく、どのような立場に身を置いているか、にあるといってよい。こういうことだ。

日本一国の平和という見地に立てば、他国の戦争や紛争を、見てみないふりでやり過ごすことができたら、ベターである。紛争、戦争に巻き込まれるな、である。現在なお、この見地が可能であろうか。可能でないとはいえない。しかし、その場合、日本は、連帯責務を放棄したということを理由に、世界から、とりわけ先進国から、総スカンをくらい、孤立する。孤立化しても、この道を選ぶのは、高貴《ジェントル》な使命である、等と考えることはできる。

国際的な見地に立てば、可能なかぎり、日本は、先進諸国が果たすべき役割分担を引き受け、「普通の国」になる、という選択肢がある。別に誇りうる立場ではない。しかし、平和に生きてきた日本として、他国からつねに要求される、要求された選択肢である。この点は、特に、軍事的なことにかぎってのことではない。政治、経済、文化の全般にわたって、そうなのだ。

△目標を明確にして進め

「人間にやさしい政治」、結構である。しかし、「やさしさ」は、「日本人」に対して向けられるだけでは、ちょっと困りものなのだ。否、正確にいえば、日本人に対してやさしさを実現するためにも、「人間」の一員として、国際社会のなかで、当然払うべき共通の責務を、支払わなければならないし、支払うことを要求されているのである。つまり、タフな（つらい）仕事を分担しなければならない、ということだ。

もちろん、日本の現状を無視して、一足飛びに、例えば、イギリスなみの軍事貢献、といってもむちゃである。その意味での、慎重に、ならよく分かる。しかし、この場合も、場当たり的にではなく、日本が果たすべき国際貢献の目標を明確にして、ゆっくり《ジェントル》と進む必要がある。（8・14）

11 やがて高学歴が普通に

△大学進学率五〇％の時代

やがて、大学進学率が、五〇％になる。今でも、高校卒業数の約半分が、就職しないで、学び続けている。

大学進学派が多数を占めるようになるだけではない。すでに理工系では、少なくとも、大学院の前期課程（マスターコース）を修了していなければ、今日の高度な知識や技術の水準に追いつけない、専門家として使いものにならない、といわれている。しかし、事情は、文系でも同じなのである。学部（四年制）は、いちおう専門教育をする場所になってはいる。しかし、これは建て前である。経済学部を出たからといって、経済関係の専門家として迎えられるわけではない。大多数は、経済学を学んだことのある人間として、有り体にいえば、経済学のずぶの素人ではない、という消極的意味で、職場採用されるにすぎない。だから、経済学を専門的に修得しようとするならば、あるいは、専門家としての評価を受けたいのならば、大学院を出ることが最低条件とされるのである。

明らかに、日本はいちだんと進化した高学歴社会――知識や技術の習得に長い年限を必要とする社会に突入している。しかし、このような高学歴社会――高学歴が当たり前になった社会が進化すればするほど、面白く新しい現象が生じてくるのだ。

これまでは、学歴をもつこと、社会的評価の高い大学に入ること自体が、大きな意味をもつように思われてきた。どの大学に入るのか、が最大の選択肢であった。しかし、高学歴社会では、さらに、何をどれだけ本格的に学んだか、という選択肢が加わる。それでは、高学歴が普通の状態になったらどうなるか。

△出身大学名は意味なし

どの大学で、何を、どれだけ長く学んだのか、という形式的な側面は、決定的な意味をもたなくなる。東京大学法学部大学院後期課程（ドクターコース）を出た、といっても、ほー、たくさん勉強したのですね。ご苦労さん、といわれて終わりということになる。

もちろん、学歴も、高学歴も、一定の社会的評価軸であり続けることは間違いない。しかし、それだけでは、不十分な時代に突入しつつあるのだ。どこで、何を、どれだけ長く学んだのか、にかわって、誰に、何を、どのように学んだのか、がとても重要になる。

実際、O大学のK研究室の大学院入学は、O大より社会的ランクの高いK大学の同種の研究室よりも、ずっと難しい、ということが続いている。大学院進学志望の学生は、明らかに、大学や専門コースをではなく、教師を、最大の選択肢にしようとしているのである。

しかし、事態はもっと進化する、とみなした方がいい。

教師はどこにいるのか。普通、大学や研究機関にいる。そのような教師から学ぶためには、どうしたらいいのか。その大学や研究機関に学生ないしは研究生として入学しなければならない。かのO大のK教授に学ぶためには、大学院入試を突破しなければならない。ほんとうにそれだけか。
△自分の師に「私淑せよ」
よい教師に、よい学問を、じっくり学ぶ。その学びを通じて、自学の道を切り開いて行く。特定の研究・教育機関という制度の中で、よい教師に出会い、よい学問を、じっくり学ぶことがかなう等というのは、僥倖に等しい。ほとんどは、この逆のケースである。

ならば、制度を度外視して、自分がめざす教師に私淑することからはじめるのがいいのである。本筋は、常に、誰に、何を、どのように学ぶか、である。その形態は、むしろ、私淑がいい、という時代になっているのだ。大げさに考える必要はない。研究室におしかけたらいい。聴講生、鞄持ち、私的助手、どんな形でもいいではないか。制度上の師弟より、私的な形が、ずっといいに決まっている。

自分の師をさがし、学ぶ。これが普通の学び方になる時代を迎えている、と、高学歴時代の成果の上にたって、私は強く訴えたい。（9・25）

12　政党リストラの時代

△締めくくりの時期到来

日本の政界再編を先導した日本新党が、結党三年目で解党した。野党分立の時代を生きてきた、結党三十年の公明党も、国会議員の「党」は解党した。新・新党に結集する諸党が、次々に解党する。昨年、自民―社会を主体とする政治枠組み、五五年体制は、基本的に崩壊した。しかし同時に、それに挑戦してきた政治グループもまた、自分たちを締めくくらなければならない、当然の時期を迎えたのである。政党リストラの時代である。

新しければ、何でもよい、というわけではない。どんなに新しく見えても、そのほとんどは、既存のものから出来ているのである。「リストラ」という言葉は、リストラクチャリングの略で、「立て直し」、「組み替え」のことである。古いものを破壊し、その後に、まったく新しいものを創り上げることではない。いってみれば、「再利用」なのだ。「新しさ」の意味は、再処理・再利用のいかんによる。もちろん、まったくの無駄に終わる組み替え、再利用もある。

政界のリストラを進めているもっとも大きな力は、時代の要請と呼んでもいいものだ。特定の政治家たちや、政治グループの思惑で進んでいるわけではない。

△「連続」と「不連続」の社会

今、私たちは、戦後五〇年目を生きている。この五〇年、変わらずに持続してきたものは、もちろんある。その変わらないものが、今日の日本の繁栄と安定を支えてきた。しかし、連続だけがあったのではない。大変化があった。そのうえでの繁栄と安定であった。日本が、政治経済ばかりか、文化と生活の隅々まで、リストラを迎えたのは、一九七〇年である。高度産業社会《ポスト》への突入である。この二五年を、日本は必死で生き抜いてきたのだ。

したがって、戦後五〇年といっても、私たちは、そうとう違う二つの社会を生きてきたのである。戦後五十年は、単純化すれば、連続部分の五〇年と、不連続部分の二五年によって出来上がっている、といってよい。その五〇年目と、二五年目に、日本は、さらにリストラを敢行しようとしている。それをやりぬかなければ、続く二五年、五〇年の繁栄と安定を迎えることは出来ない、と私は感じている。

戦後世界は、一人の生涯とよく似ている。私個人に当てはめても同じだ。

二十五歳までは、さまざまな点で、一人歩きは出来なかった。一人歩きをはじめて二五年、子供たちは巣立っていった。五十歳、新しい出発である。立て直しであり、再利用である。

今、もっとも苦しいのは、戦後五〇年の連続にもっぱら依拠してきたグループであり、人たちである。政党でいえば、自民党と社会党だ。変化の二五年を主導してきたグループは、自民党の外に去ってしまった。一度も「衣替え」したことのないグループや人たちが、今さら大変身するのは、とても難しい。高度産業社会も、冷戦構造の崩壊も、湾岸戦争も、米の自由化も、全部、古い枠組みの中で、解決可能である、という装いのもとに主張し、行動するのは、とても苦しい。

△基本的な成果受け継ぐ

でも、分かっちゃいるけどやめられないのである。一年前まで、敵同士のようにいがみ合いを演じてきた自民党と社会党が、連合したのは、変身できないグループの致し方のない身の処し方なのである。連続する五〇年にしがみつくのは、頑固ともいうが、陋習である。しかし、変化だけを求め、五〇年の、二五年の成果を精算するのは、変革ともいうが、軽薄である。ただいま進行しているリストラは、だから、五〇年の成果と、それに続く二五年の新しい成果を、新しい枠組みの中で確保するためのものでなければならない。しかし、どちら様にも顔の立つ組み替えなどというものはない。私たちが、戦後五〇年の、新しい二五年の、何を、基本的な成果として受け継いでゆこうとするのかで、リストラの、政治の再編成の方向が決まる。大切なのは、何を「持続」するかなのだ。

（11・13）

13 時代小説を楽しもう

年の瀬だ。少しばかり無理をして、小脇に抱えられるくらいの本を買い込み、正月にまとめて読みたいものだ。ひとときは、せちがらい現実から距離を取った、ゆったりした物語の世界に浸るのもいい。若いとき、何度挑戦しても跳ね返された名作の類でもいい。毎年、ドストエフスキーを開いて一年が明けるという心がけの人がいる。私は、もっと気楽に、時代小説を読むことにしている。おりしも、時代小説ブームである。しかも、爆発的というよりは、持続的なのである。大人の娯楽、というように軽く取り扱われてきた感のある時代小説が、サラリーマンの必須の「教養」に数えられるようになったのは、歓迎すべきことである。そして、現在のブームの真の支え役が、ＯＬや主婦層であるというのは、誠に心強いことである。これは、日本人の知的水準が上がったことと無関係ではない。

△一人静かに気を吐く

ところが、現在、時代小説を支えてきた金看板たち、鬼の平蔵の池波正太郎や、『吉原御免状』で彗星のごとく登場して、今回の時代小説ブームの火付け役となった隆慶一郎はすでになく、戦後時代小説の概念ばかりでなく、戦後日本の歴史観を一気にぬりかえた司馬遼太郎は、小説を書かなくなっているのである。いってみれば、時代小説の「危機」でもあるのだ。そんな中で、藤沢周平だけが、一人、静かに気をはき続けている。

司馬と藤沢、これくらい対照的な作家はいまい。開高健をはさんで、若いときからの文学仲間だった谷沢永一と向井敏が、それぞれ、自分の好みに引きつけるようにして、司馬と藤沢の全集の「解説」を書き、さらに踏み込んで、彼らの全魅力を語った本を出した。谷沢『司馬遼太郎の贈りもの』（ＰＨＰ研究所）と向井『海坂藩の侍たち』（文藝春秋）である。ここでは、正月は、とくに藤沢にこそふさわしい、といってみたい。

△実で生きる主人公

藤沢の作品は、最近でも、『たそがれ清兵衛』『用心棒日月抄』『三屋清左衛門残日録』等の名作がテレビドラマ化されて、しばしばお茶の間でも話題となっている。その作品群を大別すると、市井ものと剣客ものがある。市井ものでは、山本周五郎という大先達がいる。色調は同じに見えるが、藤沢には、山本に見られる「あざとさ」が少しもない。主人公たちは、居直って、ことを通そうとはしない。どこまでも「実」で生きようとする。それが、深い悲しみの原因を作るもとになってもである。正義や恩義はもとより、「弱者の権利」などという声をかみ殺した、まっとうに生きることの難しさと悲しさが、そこにはある。しかし、だからこそ、すがすがしいのである。

だが、平成の今、とくに藤沢を押したいのは、向井がいうように、その「英雄ぎらい」、信長ぎらいにある、といいたい。

△「断行の人」に距離

不透明な時代、えてして、軽々しい言い方で、「英雄待望論」が出てくる。今、日本の政財界で待ち望まれているのは、信長型の「断行」の人である。

藤沢も、信長の独創性、ヨーロッパ人に対するコンプレックスのなさ、果断性を評価する。しかし、信長の、ナチのヒットラーにも比肩できる数々の虐殺行為の果敢さ、過酷さ、独断専行を許しがたいこととするのである。歴史を「前」に進めるための手段としてであっても、許容できかねるという。だから、司馬とは異なって、信長ぎらいを表明するのである。藤沢が、向井も引くように、「われわれより少し賢い政府、舵取り」をこそ求める理由である。

藤沢の小説を薦めたいもう一つの理由がある。文章がいいことだ。時代小説は、歴史論ではない。

あくまでも、言葉で出来上がった世界である。その言葉がよくなかったら、艶消しなのである。とくに、すがすがしくありたい正月には、薦めかねる。そして、やはり、駄目を押したい。向井の「解説」に導かれると、藤沢の作品が、多彩な光で輝き出す、と。（12・25）

補7　無署名コラム「標的・現代思想 '95」

＊『朝日新聞』掲載　94・11・1～95・1・12　編集の大西若人氏から、思想家に標準を合わせて論じてほしいとの要望があった。各編は無題だったが、表題をつけた。

1　「乱舞」　廣松渉

「現在」というのは、常に過酷である。いっさいのものを、有無をいわせず、退場せしめるからだ。華やかな舞を、今の今まで演じていた者の姿を、ふっとかき消し、後はおぼろ、ということになる。しかし、舞台は、この「現在」にしかないのである。そこで踊るしかないのである。現代思想もまた、そんな危うい修羅場である他ない。

現代思想を、うんと狭い範囲に限定すれば、マルクス主義哲学者廣松渉の死は、九四年の最大の「事件」である。第一に、膨大な影響力を残した。第二に、膨大な著作を残した。そして第三に、私たちが生きている近代資本主義が生み出す諸思考を、総体として原理的に「超える」思考体系を構成するという初志を貫いた。

廣松の思考活動は、でかくエネルギッシュであった。それは、廣松がマルクス主義者であったことと不可分である。マルクスは、近代世界を革命しようとした。革命とは、原理的に乗り越えることだ。たんに、政治や経済の分野だけでなく、学知（科学）の分野においてもだ。諸学知を統合し、原理的に基礎づける普遍学としての「哲学」を構成するというマルクスの見果てぬ夢を実現しようとしたのが、廣松なのである。

だから、廣松は、現代の最先端の知と格闘し、それを批判的に摂取することを厭わなかった。その膨大な著作からは、現代思想のかなり網羅的な勢力図が透けて見える。

もっとも、廣松は、根っからのアカデミシャンであった。現代思想がもつ、一種得体の知れない猥雑さの魅力をまったく欠いていた。独特の文体は、ビギナーを頭からはねつけた。つまりは、非大衆的だった。にもかかわらず、思想の領域で、とてつもない影響力を持ち続けた。奇跡という他ない。あの『紺碧の艦隊』の荒巻義雄も、廣松の死後、その著作を熱読しだした、というのだ。

だが、社会主義は崩壊した。それを目の当たりに見て、廣松が、「東欧の民主化運動は、反革命だ！」と叫んだ。マルクス主義は瀕死の状態に陥った。廣松が、病苦にむち打って、「マルクス主義の擁護」に奔走する。壮絶であった。そして、九四年三月十六日付朝日新聞に、「東亜の新体制」という文字が踊った。ああ、まるで三木清の再来ではないか。

思想の「現在」を踊った廣松の思が、生き続ける条件とは何か。これが問われている。（11・1）

2 「批評」谷沢永一

現代思想は、思想史の通念とは異なって、実にさまざまなジャンルを思考対象にする。しかし、この理念喪失の時代、もっとも理念なき政治の領域、わけても、政治家の思考に切り込むのは、スキャンダルに身を投じるのに似た行為に見える。

九三年から九四年にかけた激動の「政治の季節」に、現役の政治家の著作が次々とでた。小沢一郎の『日本改造計画』などは、大ベストセラーになったのである。世に政治家の本というものほど、うさんくさいものはない、というのが私たちの一般的通念であった。ところが、谷沢永一は『平成政治家切り捨て御免』（ＰＨＰ研究所）で、この政治家本をきちっと現代思想の舞台に乗せて見せたのである。こんな具合にだ。

これまでの政治家の本は、田中角栄の『日本列島改造論』を例外として、すべて随想、弁明、回想、日記、伝記等の類であり、「過去」を結果論で書いたものだった。政治家本人に都合の悪いことは、書かれていない。

ところが、現在の大物政治家の本は、政策を全面に掲げ、現在、全部実現可能なことという前提で書かれている。無駄な哲学論、思想論、理想論は何も書かれていない。哲学も思想も、広い意味における文学である。言葉でもって人を感動させたり説得したりするからだ。こういうことは、実行を本分とする政治家はすべきではない。

しかも、渡辺美智雄、小沢一郎、細川護煕、橋本龍太郎、石原慎太郎の著作は、史上もっとも包括的な政治論である。理念をかざし、強力なリーダーシップを取って、国民を上から導くのではなく、個人の自立を第一に置き、一人一人が生き甲斐をもって生きる社会が、幸福な社会である、という前提に立っている点で、長い日本の政治思想史の流れで、エポック・メーキングなことである。そして、最も重要なのは、政治的に無関心といわれ続けてきた国民の多くが、政治家が提案する総合的な政策に目を通し、それを咀嚼するほどに政治的な成熟を果たしつつあることなのだ、と。

事態は谷沢が指摘する通りである、というのが私の意見である。ならば、今後、政治家の「書物」に分析のメスを入れる課題を、現代思想は避けえないのだ。（11・2）

3 「唯物」中沢新一

社会主義国の崩壊によって、マルクス主義思想が完全に無力化した。「死んだ犬」と化した。しかし、思想以外の力によって支えられてきた思想を、思想のみの力に依拠して語りうる条件が、はじめて生まれたという意味でいえば、マルクス主義思想は、少しも悲観する必要はなく、その真のはじまりを迎えた、といってよいのである。

マルクス主義思想の中で、「死んだもの」と「生けるもの」を確定し、その生けるものに新しい光を当てるという作業は、もっともオーソドックスな行き方に見える。しかし、マルクス主義「思想」と考えられてきたものの総体が、根こそぎ批判の前にさらされている今日、すでに「死んだもの」として自明のように投げ捨てられたものを、新しい風の中でよみがえらせる試みも、当然あってよいのである。

中沢新一『はじまりのレーニン』（岩波書店）は、マルクス主義とその哲学の中でもっとも「教条」的で古くさいものとみなされてきた、レーニンの「唯物論」を鮮やかによみがえらせようとした野心作であり、さらには、今後のマルクス主義思想の向かうべき方向を示唆するにたる作品である。

七〇年代以降の世界と日本の思想を支配し続けてきたのは、記号学と文化人類学（社会学）の「化合物」である。有り体にいえば、マルクス主義もこの支配傾向に飲み込まれてしまったのである。同じようなことが、二十世紀初頭にも生じた。レーニンは、「最新科学」の成果を無視する素朴思考という非難を浴びながらも、「物質」の唯一の性質を、人間の意識の外にある客観的実在性、にのみ求めたのである。

このプラトンより古く、近代合理主義によって否定され続けてきた「唯物論」という「『古い』思想の可能性」に、レーニンは「革命」の帰趨を賭けた、というのが中沢の主張のエキスである。

このような主張なら、「レーニン読みのレーニン知らず」のマルクス主義者の多くが、文字通り、書いてき、語ってきた。しかし、中沢は、一人のレーニンの「精神」の中にまっすぐに入っていき、「唯物論」の革命的な意味と思想史上の重要性を喚起するのである。同じような試みを、マルクス主義者として続けてきた田畑稔の第一著作『マルクスとアソシエーション』（新泉社）もついに出た。「はじまりのマルクス」がはじまった。

（11・8）

4 「変革」 長谷川慶太郎

バブルがはじけた。平成大不況が襲った。バブル経済をはやし立てた評論家や分析屋が、批判の矢面に立たされた。九二年には、いちはやく中野孝次『清貧の思想』が出て、大ベストセラーになった。

バブルを、高度産業－消費社会への転換期における不可避の「痙攣」とみなし、その「肯定性」を明らかにしようとしてきたのが、吉本隆明と長谷川慶太郎である。「バブルがなぜ悪い」、バブルを生み出す成長経済以外に、繁栄はあり得ないというのが、長谷川の終始変わらない主張であった。ところが、不況の長期化の中で、長谷川は、国家も社会も企業も大リストラを断行しないと、破産と失業という大パニックが生じる、と推断する。日本経済大楽観論から大悲観論へ、「転向」とでもいってよいような主張転換を行なったかのように見える。

しかし、そうではないのだ。どのような時代や場所、どのような状況においても、「現在」を変革する思考と行動を常に維持しなければ、どのように成功をおさめたものも、否、成功をおさめたものだからこそ、既得権に安住することで、衰退の坂を転げ落ちる、というのが長谷川の常に変わらない思考態度なのである。

長谷川の『超失業』（徳間書店）から『「超」価格破壊の時代』（東洋経済新報社）を貫く主調音は、冷戦以後、「自由化」へ向かって激走する世界の政治・経済・思想の傾向に、日本も肯定的・積極的に適合することを、簡潔でかつトータルに展開する「改革」者の叫びである。しかし、めざされてているのは、日本の、とりわけそこで生きるもっとも厚い国民層の、永続的な「繁栄」を確保する基本戦略の提出である。

変わらず強調されるのは、①東アジアで「冷戦」は終わっていない、②もっとも「成功」をおさめた日本の経済と政治が、もっとも大きな「変革」の困難を背負っている、である。

長谷川が繰り返し主張するように、日本経済の混迷も、政治の迷走も、この転換期をどのような方向で解決してゆくのか、という激しいせめぎあいの結果なのである。戦後五〇年、しかし、同時に、湾岸戦争直後でもあるのだ。日本が、日本人が、われわれ個人が、過去の「成果」を丸ごと保持しながら、未来の「繁栄」を獲得するという都合のいい道は、残されていないのである。

（11・10）

5 「近代」山崎正和

山崎正和は、いつも、保守主義者の顔つきをして、時代の新しい傾向を述べようとする。最新刊『近代の擁護』（PHP研究所）でも同じだ。だから、いかにも、すげなく、とっつきにくい。しかし、この本は、冷戦構造崩壊以降の現代思想を俯瞰する試みとして、九四年度最大の、そして唯一の力作である、とまずいっておこう。

山崎は、近代を激しく批判してきたポスト近代論の代表的主張を正面にすえて、とても冷静に、

「近代」を擁護してみせる。批判の対象にあがるのは、民族主義、自然保護思想、近代的労働を否定する仕事観、余暇理論、脱学校論、メディア革命論、反アメリカニズム、「文明の衝突」論である。これに社会主義を入れてもいいだろう。

山崎の批判の原理は、明快だ。産業の効率主義、政治の法治主義、社会の改良主義、生活の個人主義等を批判し、否定するポスト近代論は、そもそも、近代の対立・否定者なのではない。近代が生みだし、近代が過度に走らないように据え付けた補助装置なのである。したがって、ポスト近代論は、近代化された社会でのみ棲息可能な、議論にすぎない。しかも、ポスト近代論の主張を実現することが出来るのは、産業や政治や文化のいっそうの近代化であって、非近代に立ち戻ることではない、と。

山崎の指摘は、その具体例にわたってまで、もっともである。山崎の議論を、社会主義の崩壊に当てはめると、こうなる。社会主義は、資本主義が無制限な利潤を追求した結果生じた混乱を、可能な限り小さくするための補助装置である。ところが、社会主義は、資本主義を切り捨て、この補助装置だけで稼働しようとした。それは、成長する生命体なきシステムであった。必ず崩壊するほかなかった、と。

山崎の議論を援用して、自然保護をはじめとする近代批判の議論を論破するのは、小気味のいいことである。だが、である。この本には、「俯瞰」の精神はある。しかし、山崎が「アメリカの条件」以来、常に魅了してきた、思考のなまめく生命観が稀薄だ。あまりにも、思考対象と距離を置きすぎているからだ。雑誌連載時、「現代思想時評」と銘打たれていたが、それによって批判された思想からは、血が一滴も出ない、というような感じなのである。（11・14）

6 「発言」 西部邁

無茶だ、無謀だ、といわれると、やりたくなるのが西部邁の気質らしい。しかし、端から見ると、実に気楽に、やってしまった。驚くべきことである。

西部の個人思想・評論誌『発言者』は、四月に創刊号が出た。その発刊記念大パーティの日、ちょうど細川内閣が総辞職を表明した。それを報告したのが、中曽根康弘である。会場から、一斉にどよめきが起こった。実に、象徴的な出発であった。

創刊号は、堂々一五〇ページ。順調に月を重ねている。現在、定期購読で八千部、店頭売りで三千部に達したそうだ。発刊前、一万部が出ればどうにか続刊できるといっていたのだから、堅調とはいいかねるが、まずまずの滑り出しのようである。

総合誌は大苦戦である。ましてや、月刊の思想・評論誌で、「論壇」になぐり込みをかけるのは、とてつもないことといわなければならない。思想といい論争というも、発表媒体があってのことだ。商業誌の営業方針というあてのないものだけに頼らず、系統的に、しかもストレートに、自分の主張を発表する場をもち、しかも、それが広く迎えられるというのは、至難の業である。『発言者』の発刊と継続は、したがって、予想を超えた「思想」的事件とみなされなければならない。

しかし、問題は、やはり、中身勝負である。西部の「個性」を存分に発揮する、あるいは、異論をも大いに吸収しての、論調の鋭利さと多様さが望まれるところだ。

現在、論壇でもっとも注目されている加藤尚武（哲学）や佐伯啓思（経済思想）、さらには福田和也（文芸評論）たちが、連載の執筆陣に顔を出している。富岡幸一郎（文芸批評）や井尻千男（文化評論）のような一言居士も論陣を張っている。内容も多彩である。でも、やはり、いまだ、予想した人々が登場し、予想内でのことを語る、ということに落ち着いているといわざるをえない。

これは、十分に予想されたことである。「保守」や「歴史感覚」のリフレーンにとどまり、自民党の「良き部分」を頼りにし、現在の最先端の国民欲望や経済の動向に冷水を浴びせることを主戦略とする限り、やはり、内々のことに終始しがちになるのはやむをえないのである。まあ、賢明なる西部のことだから、お楽しみはこれからだ、ということかもしれない。（11・21）

7 「大衆」

〔番外編〕95年現代思想

一九九五年は、戦後五〇年の年だ。同時に、一九七〇年を分水嶺として開始された、高度消費社会、情報化社会の二五年目に当たる。日本の戦後は、同質でくくられる五〇年と、新しい質をもって開始された戦後・後二五年をもつ複合社会なのである。

九五年は、この五〇年と、二五年を両にらみしながら、新しい時代の課題への挑戦が始まる年である。この新局面を担うと思われる三人の思考者たちを紹介しよう。

一人は、いわずとしれた吉本隆明である。七十歳。戦後史の全部を、そのときどきの最も重要な思想課題に答えながら、文字どおり、一人駆けしてきた。吉本の思考スタイルは、常に、「現在」の課題に答えを出すことだ。しかも、その語られた「現在」を繋いでみると、見事な戦後五〇年史と、戦後・後二五年史が出来上がるのである。これは神業に近い所業なのだ。

吉本はこう見る。戦後五〇年は、大衆社会と大衆の進化・成熟過程、すなわち、勝利過程である。同時に、前衛と左翼思想の敗北過程でもある。大衆の勝利と左翼の敗北を決定づけたのは、戦後・後二五年の新展開だ。高度消費社会である。この新局面を最も簡単に表現すれば、平均の所得人が、収入の五〇%以上を消費にあて、さらに、その消費の五〇%以上を自由に選んで使える消費（選択消費）にあてる、という事実だ。この指標をベースに、吉本は、政治・経済・文化の大通りばかりでなく、サブカルチャーまでをも分析の俎上に載せるのである。吉本は、これからこそが本番だ、というのが、最新刊『現在はどこにあるか』（新潮社）を読んでの第一感想である。

二人目は、橋爪大三郎である。四十六歳。久しぶりに、カリスマ性を帯びた、つまりは大衆を引きつけうる思想家が登場した。小室直樹の薫陶を受けた橋爪は、優れた思考者がそうであるように、思想の「越境者」である。何でもこなす、万能選手だ。

橋爪は、七〇年の分水嶺期を挟んで、思考をはじめた全共闘世代に属する。しかし、よく、戦後民主主義の凡庸さと「長所」を抽出し、なおかつ、戦後・後の二五年の軌跡を冷静に対象化しえる、この世代に稀な論客である。その最新刊『自分を生かす思想・社会を生きる思想』（竹田青嗣との対論・径書房）は、最も難しい問題を、最も簡明に語る、橋爪の面目が躍如としている。

三人目は、浅羽通明。三十五歳。ちょっと聞き慣れない名かもしれない。しかし、「見えない大学本舗」を主宰し、怪著『ニセ学生マニュアル』（徳間書店）を独力で三巻刊行した、異才の持ち主なのだ。ここぞと思う教師の講義に潜入し、半可通を恐れず紹介してしまう腕力は、生半可なものではない。その思考力の一端を証明したのが、澁澤龍彦に仮託して、おたく世代を生きる自己意識を批判的に対象化した、『澁澤龍彦の時代』（青弓社）である。本格的な戦後・後思想史叙述の新しいスタイルの登場である。

（95・1・12）

14　震災に無策の村山政権

△今なお難民並みの生活

阪神地方を大激震が襲ってから、ほぼ一月がたとうとしている。政府をはじめとする行政サイドの無能ぶりは、日をへるにしたがってますます大きなものになっている。わけても住居問題である。相変わらず、二〇万人を超える被災者たちが、小学校や公の施設で仮住まいを余儀なくされている。彼らは、この厳寒のなか、数からいってもまったく不十分な仮設住宅建設を、ひたすら待つ、という切ない選択を強いられているのだ。

今、仮住まいといった。しかし、膨大な数の人たちが、体育館や教室という、間仕切りのない大空間で雑居する様は、難民キャンプさながらなのである。被災直後ならば、「難民キャンプ」でも、甘んじなければならない、ということはあるかもしれない。しかし、せいぜい一週間ていどが限度だ。

現代は、江戸時代ではないのだ。太平洋戦争期とも違う。神戸は、砂漠のど真ん中でも、ジャングル地帯でもないのである。被災地は、もっとも大きな被害を被った兵庫県でも、その一部分なのだ。しかも、日本および日本政府は、「無傷」のまま「健在」である。その中で、一月も難民さながらの生活を強いられているのである。これで、「暴動」が起こらない方が、不思議である。

△避難者たちに明暗の差

この二〇万を超える避難者たちの多くは、自営業者や零細企業で働く人たちとその家族である。住む場所や生活を失っただけでなく、営業し、働く場所を失った人たちである。直ちに、倒産と失業の危機にさらされている人たちなのだ。

倒産と失業問題に対しても、政府と行政は、「入社取消はしないように」などという、まったく的外れな問題対処でお茶を濁そうとしている。

ところが、大企業にとって、この震災は、「再建」という名の下で、リストラする絶好の機会ですらある。その社員たちに、失業の危機などない。住居は、周辺の貸しマンションを中心に、会社がいちはやく抑えてある。

震災は、有名無名、企業規模の大小、裕福貧乏を問わず、ひとしなみに襲った。しかし、「難民キャンプ」で暮らす、明日の生活の目途も立ちかね、途方に暮れる人たちと、「再建」という大きな目標に向かって邁進する人たちという、あまりにもはっきりした明暗を生み出した。

△「だから自衛を」ではなく

この明暗の差を少しでも埋めようとするのが、政治である。行政である。日本の戦後政治が、他の国と比較して評価されるところがあるとしたら、第一に、「平等」社会を結果として生み出した、という点なのだ。

しかも、現在の政権は、「人にやさしい政治」を標榜する村山政権である。ところが、国会答弁で、「最善の策」を講じたと言い放ちながら、最小の策さえ準備しようとしない政権である。

戦災同然の被災が生じたのである。類例がなかった（そうだ）から、初動のミスは、いたしかたないといって済ますわけにはゆかないが、まだ許される部分もある。しかし、直後からやるべき最低限度のことは分かっており、それをする力は、現在の日本に有り余るほどにある。ところが、今もって、やらないのだ。できないのである。だから、私は、こう判断せざるをえない。

自民・社会・さきがけ三党連立の村山政権は、たとえ国民が甚大な被害を被っても、責任を持って、救済する気もないし、できない政府である。こんな権力に自分たちの生命や財産を預けて、安んじていたら、とんでもない目に遭う。だから、政府なんて頼りにならない、自衛手段を、ではない。最大の自衛は、国民の基本的人権の要である、個人の生命と財産を担保することのできる政権を要求、樹立することだ。

（2・12）

15 「基本的人権」放棄の教団

△選択の結果わきまえよ

思想信条の自由がある。信仰の自由がある。結社の自由がある。だから、どんなに普通の生活を送っているものの目から見て、奇異に、異風に映っても、その人を、その人たちの集団を、狂信者呼ばわりして、いいわけはない。弾圧の対象にして、いいわけはない。ただし、武装化し、殺戮薬を製造しようとしたら、その段階で話は別になる。狂信テロリスト集団となり、国家権力の弾圧の対象になる。これに同情の余地はない。

同時に、異風を自ら選び取った人たちも、自分たちがどのような集団に加わり、どこへ向かっているのか、について、きちんとした自己了解に達している必要がある。「秘密」結社に加わっていながら、私は知らなかった、騙されていた、では済まされないことはあるのだ。今ここで、ほとんど議論されないが、忘れてはならない二つの点に触れたい。

オウムの信徒は、「出家」をすると、自分の「生命と財産」を、教祖と教団に捧げる。どういう理由であれ、「自分のもの＝生命と財産」を自由に処分することに、問題はない、それは、私の勝手だ、あなたの勝手だ、ということもできる。しかし、そういう選択行為の「結果」をきちんとわきまえていないと、とんでもないことになる。

△「正義」に手段選ばず

社会主義が崩壊した。その理由はさまざまだ。しかし、決定的な点を忘れると、私たちは、同じ誤りを再び繰り返す。社会主義の思想原理は、共産主義である。これはマルクス主義にだけ特有なものではなく、古くは、プラトンの共産主義、キリスト教的共産主義がある。共産主義に共通な原理は、「私的所有」の否定である。最大の「私有物」は、「生命」と「財産」だ。プラトンもマルクス主義も、個人の生命と財産を「国家」に捧げる。キリスト教では、教祖と教団にだ。この点では、理想主義も宗教もマルクス主義も、瓜二つだ。

なぜそんなことが必要か。人間が、物欲にとりつかれ、がりがり亡者になり、傷つけあうことから逃れるためだ。エゴイストのいない、自由で平和で平等な社会を実現するためだ。

しかし、過去の共産主義運動はどうなったか。全部、国家や教団、指導者や教祖の独裁社会になった。「善」と「正義」のためには、「敵」を滅ぼすためには、手段を選ばない、という命題を公然と掲げ、実行したのである。もちろん、エゴイストはいなくならなかった。そして、自壊していった。

個人が、自分の「生命と財産」を、他者の自由な処分に任したが最後、個人の「自由」が身体ごと蹂躙されるがままになる、というのが歴史の教訓である。よく知ってほしいが、「基本的人権」をもっとも縮尺していうと、「諸個人の生命と財産の不可侵」なのだ。共産主義は、この「基本的人権」の放棄を第一原理とする。オウム真理教も、同じである。

△バブル後の急進的反動

オウム真理教が、数は少ないが、若い信者を惹きつけた理由についても考えておこう。「飽食」の時代に、人間の「心」が空洞化した。その「すきま」を代替したのが新・新宗教だ、という考えがある。しかし、事柄は逆さまなのだ。

高度消費社会の新しい人間の生き方に適応できない中高年の一部は、「バブル」の崩壊に際して、「飽食」は悪、「清貧」は善、という単純な「倫理」を対置した。しかし、彼らに、清貧の生き方などできるはずがなかった。しなかったのである。これに対して、数はうんと少ないが、若者の一部が、「お布施」と「修行」という形で、「個人の生命と財産」を放棄し、「飽食」的生活を断ち切る、という急進的な行動に出たのである。

これは、高度消費社会の中で積極的な新しい人間の生き方を構築しなければならない努力を放棄した、あからさまな「反動」である。あえていえば、「飽食」の中に、肯定的な生き方を探さなければならない、文明史的な課題にたいする、無知から出た「反抗」である。だから、現在に逆行する反抗を誘発させた、今なおさせている、モノよさようなら、ココロよこんにちは、という反動思想の責任は、軽くない。（4・30）

16　ボランティアのすすめ

△歌手や映画人も続々

阪神大震災で注目されたのに、「ボランティア」がある。自分のこと以外に興味を持とうとしなかった多くの若者が、感心にも、救援活動に「すすんで参加」している。歌手や映画人が、チャリティーショーを開き、義捐金や品物を送る活動を展開している。暴力団の山口組でさえ、「身銭を切って」救援活動に奔走している。逆に、政府や行政が、各種のボランティア活動を当てにして、果たすべき役割をさぼっている、という具合にである。

ボランティアとは、他人のために、報酬を当てにせず、すすんで自発的に活動すること、を指していわれる。最も典型的なのは、義捐金を送るとか、義勇軍に参加する、ということだろう。だから、自分のために、報酬を当てにして、強制されて活動することを、ボランティアとはいわない。

私の母は、若いときから、もう四〇年くらい、心の里親会の活動を続けてきた。親のいない、あるいは、親と離れて暮らさざるをえない子供たちと、文通したり、誕生日のプレゼントを贈ったり、クリスマスパーティを開いたりして、励ます活動である。私も、精薄者更正施設の理事長を、ボランティアで引き受けている。しかし、母の場合も、私の場合も、どう見ても、自らすすんで自発的に活動すること、とはほど遠いようである。責任だけがあって、引き受け手のない無償の活動を、半ば強制的に押しつけられた、という体なのである。

△「自分のため」も混在

そして、よく観察してみると、歌手たちのチャリティーショーも、無報酬である場合も、活動それ自体によって、自分の存在を際だたせる行為、自分のためということが混在していることが分かる。山口組の救援活動も、暴力団という組のイメージ刷新や、復興事業に食い込むための地ならしという部分が含まれていることが、透けて見える。他人のために、無報酬で、自発的に行なうという名目で、実のところ、自分のために、別な形の報酬をめざして行なうといっていい部分が、ボランティアの中には大いに含まれている、ということだ。中には、明らかに、「売名」行為だと分かるものもある。

だから、私は、ボランティアはうさんくさく、いただけない、といいたいのではない。逆である。売名行為にすぎないボランティアでさえ、十分に存在価値がある。問題は、ボランティアは「利」ではなく「義」である、という態度の方にある、といいたい。

自分のためということをまったく含まない、純粋に無償で自発的な行為などというものは、人間には不可能である、と思った方がいい。ならば、自分のためになる行為は、少しも非難される必要がないのである。ボランティアである限り、最低限、直接には、報酬《ペイ》はない。しかし、結果として、報酬があっても、あるいは、報酬をめざしても、かまわない。自発的に、ということに関していえば、他に引き受け手がいないから、仕方なしに自分が引き受ける、引き受けさせられる、で悪いわけはない。これが、私の考えだ。

△自発性を強いられた戦前

自分のために・報酬をめざして・仕方なくという前提のもとに、他人のために・無報酬で・自発的に何ごとかを行なえる社会は、かなりいい社会なのである。国のために・無報酬で・自発的に労働や命を捧げなければならない社会は、戦前日本や旧社会主義国で経験ずみのように、十分に怖い社会なのである。国を、地域、会社、家族、夫婦といい替えても同じである。

私は、当初、いやいやながら、施設の理事長を引き受けた。その「いやいやさ」に、今も変わりはない。しかし、どんな意味でも、給与はないが、無償ではないのである。今では、私の方が、ボランティアされている、「救助」されている、といった方がいい状態だ、と感じるほどだ。ボランティア活動は、いろんな意味で、なかなかに見返りの大きな行為である、と確認することは、ボランティアの意義を少しも低めるものではない、というのが私のここでの結論である。（6・25）

17　哲学大衆化の時代

△難解すぎた西田幾多郎

日本が敗戦五〇年を迎えた。もはや戦後ではない。「第二の戦後」をすでに歩み始めたといっていい。それでか、類似したことがいくつか起きる。哲学ブームもその一つである。

第一の敗戦後、食糧難の時代、日本の代表的哲学者、西田幾多郎の著作を買うために、神田は岩波書店の店頭に長蛇の列ができた。「哲学」と名がつけば、どんな本でも売れた。どだい、本というものがなかっただけでなく、一朝にして、社会システムが変わり、生きるよりどころとしてきた価値観が変わった日本で、「いかにして生きるべきか」を多くの人が求めていた。しかし、西田の著作は、あまりに難解すぎた。まるで歯が立たなかった。読まれずに、埃をかむったままになった、といっていい。それも当然で、西田は、ごく少数の哲学専門研究者に向けて、自説を展開したからである。

その後も、時代の変わり目がやってくると、なんどか哲学ブームというものがあった。サルトル、マルクス、フーコーなどが、私たちの目前を通り過ぎた。しかし、哲学は難解だからこそある種の魅力を引くと同時に、難解すぎて普通の人の心の糧になることから遠かった。

△じわじわ売れる入門書

ところが、今回の「ブーム」は少し様子が違う。竹田青嗣『自分を知るための哲学入門』、小阪修平『イラスト西洋哲学史』、小浜逸郎『正しく悩むための哲学』、鷲田小彌太『哲学がわかる事典』、池田晶子『考える人』というような入門的啓蒙書が、この書物の氾濫の時代、じわじわと売れ、読まれているのである。そして、中学生から読めるという『ソフィーの世界』の爆発的な売れゆきである。全部が、難解ではない。誰でも、読んで、理解可能である。専門の哲学研究者やマニア向けのものではない。

社会から個人まで、いままで頼ってきた仕組みやルールが根底から崩れだしたとき、新しく依拠すべき仕組みやルールが求められるのは、自然である。政治（家）に哲学がない、経済（人）に哲学がない、といわれるのも、時代が大転換を求めているとき、相変わらず従来の手法でことを済まそうとしている状況を指してのことである。哲学は、自然や社会や人間の仕組みとルール（構造と規範）の最も単純で根本的な原理を明らかにしようとする学問である。だから、ここが根本的に変わった、それをどんなもので置き換えればいいのか、という命題に答えなければならなくなったとき、まず求められてきたのが、哲学であったというのは、不思議なことではない。

△社会も家族も変化する

哲学者は、その要望によく応えてきただろうか。私は、身びいきということではないが、相応に答えてきた、と考えている。デカルトやニーチェ、フーコーを熟読して見れば、よくわかる。ただ、社会や個人が新しく進むべき道を求める要求が、直接には、ごく一部の人の要求から、大衆の要求に変わったのに、それに十分応えるような努力を哲学の方でしてこなかったことだけは、事実である。哲学の大衆化の要求にである。

現在の哲学ブームが、本格的な哲学の大衆化の前触れなのか、あるいは、単なる一時的ブームで、徒花に終わるのかは、まだ解答が出ていない。しかし、いま、時代が変わり、人間の生き方が変わる、社会は、組織は、家族は、この・自分は「どうすればいいのか」という問いが発せられていることは動かせえない事実である。しかも、多くの人によってである。大衆だ。それに答える解答と、その解答を伝える大衆的なスタイルが必要である。猿にでもわかるスタイルである。

私自身は、ようやくのこと、哲学は、大衆哲学の時代に入りつつある、という実感を抱いている。デカルトが浴衣がけで私たちの生活現場に登場する、という具合にである。哲学は、何しろ、学問では最も古く、たくさんの登場人物と遺産を抱えている。つまり、たくさんの解答例がすでに蓄積されているということだ。これを利用しないほうはない。

（8・20）

18　任期制で大学に「活」

△実現しても残る「特権」

九月十八日、文部省の大学審議会組織運営部会は、「大学教員に任期制を導入することが必要」とする中間報告をまとめた。反応はさまざまだが、大方は、実現不可能とはいわないが、相当手間取る、という予想である。

私は、まったく違った感想を持っている。これまでの文部省に対する大学側の対応を見ていると、文部省に「こう」という方針が出ると、それだけで、反対の声は、潮が引くように干潟になって、「こう」になってしまったのである。今回だけが例外である、と考える根拠はなにもないからだ。

しかし、任期制は、たとえ実現しても、これから教員として採用される人にだけ適用され、すでに教員になっているものの「特権」が侵されない、という形で（しか）決着はつかないであろう。それでも、任期制がないより、ずーっとましである。これに反対する理由は、なにもない。しかし、私がここでいいたいのは、別のことである。

△諸外国の例を見極めて

諸外国の例では、任期制は、若い教育・研究者の採用、再任にはきびしく、終身雇用の資格を獲得したベテランには適用されない。しかし、ことは逆ではないのか、というのが私の意見である。サイクス『大学教授調書』（化学同人）という、アメリカの大学教授の実態を暴露した、まじめな本がある。アメリカでも、ご多分に漏れず、資格再審査の必要がなくなった教授に、研究と教育の手抜きが横行する、というのである。

大学教員の終身雇用権は、どのような形であれ、有害無益である。だから、任期制はベターなのだ。しかし、任期制には工夫が必要だ。試行錯誤を繰り返しながら、研究教育活動に励みつつ、自分の能力も高めなければならない若い教員に対しては、比較的緩やかで長い任期を与える方がいい。例えば、一〇年。その逆に、例えば、ベテラン教員には、四十五歳で壁を儲け、それを超えたら、全員フリーエージェント方式にして、全大学の入れ札にする。一大学の任用期間は、五年を超えない。というようにするのが妥当と私は考えている。

若い教員が、無為に過ごせば、フリーエージェント制でアウトになる。ベテランの教員が、無能ならば、フリーエージェントに引っかからない、ということになる。もちろん、こんな制度を設けなければ、教員が研究も教育もしないというのは、十分に恥ずかしいことである。でも、しないのは、少数ではないのだ。ただし、復活制度はあった方がいい。五年を超えずに、再教育・研究可能な研修場が必要になるだろう。最低の生活費はその間保証される。

どうせ制度改革するなら、諸外国の弊害を取り除いた形でいきたいものだ。

△競争原理の導入が必要

もちろん、大学改革には、もっと基本的な部分がある。「任期制」を実のあるものにするには、教員の採用・昇格の資格審査を、教員自身がやるという、お手盛り「教授会自治」の自主管理システムをやめなければならない。それに代わる、資格審査の第三者機関を設けなければならない。それに、学生定員制度を撤廃しなければならない。いわば、事前に、各大学に文部省から学生定員が割り当てられ、どんなにサービスの悪い大学でも、経営危機に陥らない、という驚くべき超保証システムを廃止することである。もっと重要なのは、今ある国公立大学を、すべて民営化することだ。大学改革の基本は、見られるように「競争原理」の導入である。それと平行して、世界のトップ校と対抗可能な新しい国立高等大学を創設することである。

もちろん、この一連の改革が実行に移されると、文部省の役割と権限は、ぐーんと縮小される。

まあ、大学にとっては、監督官庁としての文部省自体は必要でなくなる。だいたい、大学が文部省の管理下にあるということは、十分に恥ずかしいことなのである。自立していない、ということだからだ。つまり、任期制などを、文部省の主導によらなければ、自分たちで、提起さえ出来なかったこと、文部省の設置基準なしに、大学一つさえまともに運営できないことに、私たち教員は恥じて当然なのである。

（10・15）

19　奇妙な存在　宗教法人

△信仰しない人間を差別

私にいわせると、宗教法人とは、実に奇妙なものである。どんなに奇妙に見えても、歴史的経緯から生まれ、存続しているものが、私たちのまわりにたくさんある。だから、おかしいな、と思ったからといって、ただちに抹消すべきだ、といいたいのではない。しかし、その存在の奇妙さに気がついていないと、それこそ妙な議論になってしまう。宗教法人をめぐる議論を聞いていると、まず、こう思う。

宗教法人は、信仰しない人間を差別する存在だ、というのが指摘したい第一点だ。

「信教の自由」には、いうまでもなく、信仰しない自由も含まれている。特定の宗派の信仰はもとより、信仰それ自身を否定する自由が、「信教の自由」の中には、不可分に含まれているのだ。

ところが、信仰に基づく活動団体に「公益」法人格と「特典」を与え、信仰に基づかない、場合によっては、信仰に反対する活動団体に法人格も特典も与えないのは、まさに、両者を差別しているとしか呼びようがない。もし、この「格差」が正当性を持つとするなら、「信仰する」ことが、「信仰しない」ことよりも、いいことだ、社会的に優れていることだ、という前提に立たなければならない。

たしかに、宗教を、しかも、特定の宗教を信じるのが「良民」の資格である、という時代があった。ある宗教が社会を支配していたとき、異教徒は「非民」であり、無信仰者は「非良民」であっただろう。あるいは、国王や国家が、宗教を社会支配に利用した時代ならば、「信仰しない」ことは「良民」にあらず、ということがいえたかもしれない。しかし、そこには、そもそも「信教の自由」(信仰しない自由)の原則が存在しなかったのだ。

宗教法人とは、したがって、信仰しない人間にとって、なんとも奇妙で、感情にわだかまりをもたらす存在なのだ。

△矛盾する公権力の介入

宗教法人は、信仰の自由と結社の自由に矛盾する、これが指摘したい第二の点だ。

宗教活動と団体結成は、各人の自由な意志に基づく、「私」の領域に属するものである。任意団体である。保護であれ、支配であれ、「公」権力が介入すると、ろくなことはない。ノウ・サポート、ノウ・コントロールがここでの原則なのだ。

よく「淫祠邪教」という言い方をする。しかし、宗教(信仰)に「本物」と「偽物」の境目はないのだ。ある宗派（信者）が「正」とみなすものも、他の宗派（信者）にとっては「邪」にすぎない。信じるものにとって「至福」であるものも、信じないものにとっては「悲惨」にしかすぎない、というのが「信仰」の世界で起こることなのだ。

ところが、宗教法人であることは、ある宗教団体に資格がある、他の団体にはない、と「公」（国や行政）に審査を許すことである。宗教団体を、「公」と「私」に区別することだ。

では、なぜ宗教団体が、このような「公」権力の資格審査を許しているのか。甘い「特典」があるからだ。もちろん、宗教団体には、宗教法人にならない自由がある。ノウ・サポート、ノウ・コントロールである。しかし、大部分の宗教団体は、信仰の自由と結社の自由を自己制限して、サポートとコントロールを受け入れているのである。（もっとも、実情は、いったん資格を与えてしまったら、「公」権力は、宗教法人のなすがままに許してきた。サポート、ノウ・コントロールである。）

△当たり前の感覚あれば

最後に指摘したいのは、「公」のサポートをえるのなら、宗教団体は、宗教活動の範囲を限定し、他の公益法人並みに、「経理」等を含めて公開すべきである。宗教法人だけの「特典」はなしにしたらいい。つまり、「公」権力の適正なコントロールを受けるべきである。宗教の名の下に、営利活動を行ない、「利益」等を申告しないなどということは、あってはならない。こういう当たり前の感覚が、もし宗教団体にないのなら、信仰の自由や結社の自由など、口にしない方がいい、というのが私の思いである。

（12・3）

20 人気高まるビジネス本

△昔は「文芸もの」と差別

一昔前、ビジネス本といえば、ハウ・ツウもの、つまり、金を儲けたり、恋人を獲得したり、資格を取ったりするのを簡便に教えます式のものを意味した。したがって、本にして本にあらず、ちょっとぶった書店では、書籍の棚と区別されて、旅行や料理の本と同じコーナーに並んでいた。文芸ものとは決定的に差別され、「純」本ならぬ、「雑本」と分類されていたのである。

ところが、今、大型書店では、正真正銘のビジネス本のコーナーが、正面の、客がもっとも群がる最上級の場所に、どーんと平積みされている。通路にでんとおかれるワゴン販売なるものも登場して久しい。新聞雑誌の書籍紹介コーナーでも、ビジネス書のベストセラーリストが独立に取り上げられる。読者の好みに超敏感な宝島社は、『このビジネス書がすごい！ 96年』を創刊した。

△関係者以外も読者層に

戦後、探偵小説が推理小説と名をかえ、松本清張の登場で「文学」の仲間入りを果たした。時代小説が、司馬遼太郎と藤沢周平の登場で「文学」の中核を占めるようになった。ＳＦも空想科学小説から「文学」に昇格した。筒井康隆の力に負うところ大であった。

ビジネス本も大化けした。しかし、推理小説、時代小説、ＳＦとは違う事情がある。これらのジャンルは、文学自体に質的革命があった。もちろん、ビジネス本にもそれはある。決定的違いは、ビジネス本の性格が変わったことだ。

かつて、ビジネス本とは、読者が関与するビジネス（商売）に、平たくいえば、金儲けに直結する内容を中核としていた。その意味でのハウ・ツウものであった。しかし、現在、ビジネス本とは、吉本隆明が的確に表現したように、ビジネス関係者が読む本である。

たとえば、村上春樹である。彼の小説は文芸本である。しかし、文芸（純文学）雑誌には発表されない。読者の大半は、ビジネスマン・ウーマンと主婦である。つまり、立派なビジネス本の資格を持つのだ。今なお売れているゴルテルの『ソフィーの世界』は、フィクションに分類されている。しかし、その読者は、村上春樹の読者と重なっている、というのが私の推断である。もちろん、堺屋太一、長谷川慶太郎、日下公人、渡部昇一というビジネス本「四天王」は、この二〇年近く、もっともよく読まれてきた著者だ。

ところが、一九九〇年代に入って、その予備軍である大学生や専門校生を含む、ビジネスマン・ウーマンを標的にした出版が目立ってきた。もっとも成功したのは、野口悠紀雄『「超」整理法』である。その成功の背景は、大別して三つある。

△生涯学習の時代始まる

一つは、社会主義が崩壊して、ビジネス行為が人間の「疎外」された生き方ではなく、本質的で肯定的な生き方である、と広く承認されたことである。

二つは、コンピュータが駆動する情報化時代に生きる人間の知的あり方が激変したことである。旧式の「読書＝高貴な行為」という時代は終わった、ということだ。

三つ目に、生涯勉強の時代が始まったことだ。ビジネス世界で生きるためには、ビジネスに直接関連するノウ・ハウだけではなく、世界と当の個人にあいわたる知識や技術の獲得が不可欠となった。そのためのノウ・ハウがなくては太刀打ちできなくなったのである。

それでというわけか、シャープな野口（と編集者）は、書名もズバリの、『「超」勉強法』を出版した。売れている。しかも、作りは、受験参考書のスタイルなのである。小学生時代から、誰もが慣れ親しんできた「読書」スタイルを、ビジネス世界の勉強法にまで延長したのである。実にうまいなー、と私は感嘆の声を挙げてしまった。

文芸の世界に「文芸評論家」なるものがいる。政治、経済、料理のはてまで評論家が闊歩している。ならば、ビジネス本の世界にも、この世界の微妙な動向までをも踏まえた本格的な評論家、あるいは書評家が現れてもいいのではないのか。これほど奥の深くなった世界なのだから。（1・28）

21　情報化時代の読書論

立花隆の『ぼくはこんな本を読んできた』（文藝春秋）がベストセラーの上位を突っ走っている。すごい。戦後五〇年。いろんな形の書物が、ベストセラーになった。しかし、書物に関するエッセイ集で、売り上げベストテンにはいったものはなかった。もちろん、立花の数ある著作の中でも、もっとも多くの読者を獲得するものとなるだろう。

△内容が濃く情報量多い

百万部を超えるベストセラーは、熱に浮かされて手に取った風のものがほとんどである。いわゆる「××現象」である。ところが、この本、内容が濃い。情報量が多い。しかも、通弊破壊に満ちている。そして、実践的であり、参考になる。いくつか拾おう。

仏文科をでて、哲学科にはいりなおした立花の学生時代の書物は、文学、わけても、世界名作小説の類であった。まあ、これは、いま五十歳以上の読書人の普通のコースだろう。ところが、それ以降、立花は小説をぜんぜん読まなくなる。なぜか。

文学など本を読むこと自体が楽しみであるという読書の領域は、映像メディアといちばん競合している領域だ。人生の持ち時間は限られている。若い人たちの時間消費の性向から見ても、映像と競合する分野での読書が負けてゆくのは避けられない。

△フィクション離れ肯定

小説離れ、フィクション離れは、映像メディアのせいである。こういう立花は、それを、「一億総白痴」への道と見るのではなく、正常で肯定的なコースとみなすのである。

さらに立花は、古典の重要性を説く読書論を一蹴する。

古典＝残る出版物＝本来の出版物、を振りかざす読書論は、事実として間違っている。現在のみならず、過去ずーっと、出版は一過性だった。古典といわれるものも、読者が離れてしまったものなのだ。一過性である。しかも、古典は、文字通り、古く読みにくいだけでなく、プラトンでもよく読んでみればかなりくだらない部分がたくさんあるというように、人類の知が非常にプリミティブ（未熟）な段階にあったときに生まれた作品でしかない。

ここまでいうか、なのだ。しかし、正解である。これを別な角度からいうと、こうなる。

たとえば、スピノザはどんな本を読んだのか。まずデカルトだ。デカルトは、現在でこそ古典家である。しかし、スピノザの同時代人である。ヘーゲルはカントを読んだ。マルクスは、ヘーゲルを読んだ。同時代人としてである。つまり、もっとも刺激的で影響力ある読書は、常に、最新・最先端の書物を対象にしてきたのである。

△最新の知は書物にない

立花は、その最新・最先端の知や情報は、しかし、書物の中にはない、という。どこにあるのか。最新・最先端の知や技術を研究する人たちの頭の中に発酵状態で存在する。したがって、もっとも興味をおぼえ、没頭するのは、そのいまだ「表現」されていない最新・最先端の知や技術を、研究者のインタビューを通して表現し、より多くの読者に伝えることだ。

このような立花の言を聞いて、なるほどと思う反面、「書物」形式での読書は、一周二周遅れの「読書」なのだよ、とからかわれているような気にさせられる。まいるな。

そして、書評に関してである。

本の良し悪しと、その本を読む価値があるかどうかは別である。必要な情報が入っているかどうかが、私には重要だ。

こういいきって、連載中の「読書日記」という形式の、実に刺激にとんだ個性的な書評を開陳してみせるのである。

この本を、実践的な読書論というだけでは不十分だ。仕事が読書だ。本はやすい、しかし、本を管理する場所を確保するのは高い、本に囲まれていないと気が休まらない。こういう生活を三十年続けてきた体験に裏づけられた、立花の書物に対する偏愛論とでもいうべき本書を、奇妙な一読書人の言葉としてではなく、大量の知と技術が高速度で行き交う情報化社会の、典型的な読書論として、さらに多くの人が参照されることをすすめたい。（3・31）

22　期待感うせる新党論議

△オモチャ箱開く楽しみ

ガラガラガラと振って、フタを開く。何が出てくるか、心がわくわくしたものだ。おみやげにもらったオモチャ箱である。

日本新党、新党さきがけ、新生党、新進党、新党ブームも、ここまでは、何かしら、オモチャ箱をひっくり返すような楽しみと恐れがあった。しかし、楽しさは、蓋を開けた瞬間だけ。すぐに飽きがきた。どれも、安手で、最初から、ながもちしない造りなのである。

でも、社会党が社民党に変わったのには、一分の楽しみもなく、ただあんぐり。表札を裏返ししただけ。使用済みの古い名前が出てきたにすぎない。まったく歴史感覚を疑ってしまう、としかいいようがない。

社民党は、社会民主党の略で、レーニンが「共産党」をマルクス主義政党の公認名と宣言するまでは、国際共産主義政党の正式名だった。中心は、ドイツ社会民主党。日本の社民党の最初は、片山潜たちが創立した、れっきとした階級政党。もちろん、社民党は、第二次大戦以降、どこの国でも、階級政党的性格を薄めてきた。マルクス主義政党ではなくなった。日本社会党は、その中で、「階級的」的政党として、特殊な位置を占めていたのだから、「普通の社民党」として、落ち着くところに落ち着いたのかもしれない。名前も中身も、「古物《こぶつ》」ですよ、と自己規定したのだろう。

△元田中派「鳩船」コンビ

さらにおそれいったのは、さきがけ代表幹事の鳩山由紀夫が音頭をとる、新党「運動」。この人、先の北海道知事選挙に、でるのでないの、といいつのって、横路前知事がおす候補者堀現知事の独走を許した第一の張本人。その決断力の「鈍さ」には、あきれるばかりだった。

このたびは、前首相の村山社民党委員長と前蔵相の武村さきがけ代表のコンビでは、「集票」もおぼつかないと考えたのか、新進党の船田元と組んでの、新トー、新トーのかけ声運動。武村ではだめだ、と鳩山が暗示を送れば、小沢にはついてゆけない、と船田が応じる。

もちろん、政治家は、変わって当然。不利と見れば、なんだってあり。中間選挙で大敗した民主党のクリントン（アメリカ）大統領は、再選目指して、共和党の政策を丸飲みにするようなことをやりだした。もっとすごいのが、エリツィン（ロシア）大統領。体調不全、経済不振、国民不満充満。ところが、強大な大統領権限を振り回して、昨日まで絶対ノウを、今日はイエス、イエスに変えるなんぞは、朝飯前。マスコミも総動員。あれよあれよという間に、「人気」を盛り返してしまった。

鳩山、船田の二人は、プリンスだそうな。そういえば、細川護熙は、殿様、この人には政策がなかった。担がれ役だった。それはそれでいい。しかし、このプリンスたちは、担がれ役ではない。さりとて、担ぐ役でもない。独自な政策だって、だしたものを見たことがない。じゃ、何もなしのスッぽんぽんの「真っ白」なのか。「新鮮」なのか。そんなことはない。この二人、れっきとした元田中（角栄）派。次いで、経世会（竹下）派。紆余曲折があって、さきがけ（武村派）と新生党（小沢派）に別れ、常に権力の中枢からいちばん近いところにぶら下がってきた。

△カラ元気さえない社民

日本というこの国を変えるために、政界再編は必要だ。そのために、新党結成はもちろん歓迎すべきことだ。さらにいえば、権力を手中にして、日本を新しい道に引き入れることは、政治家としての責務ですらある。

しかし、政策もなく、上着を脱ぎ替えるだけの新党づくりは、もう結構である。しかも、表は真っ白に染めてはいるが、裏は混合色のコンバーチブル。こんな「鳩船」コンビに、「期待」を抱かすようなマスコミ論調も、困ったものだ。もっとも、この二人、カラ元気だけはある。それに引

き替え、上着を脱ぎ替える気力もない社民党には、本当にお気の毒というほかない。（6・2）

23　丸山真男と司馬遼太郎の死

△新しい歴史の「始まり」

丸山真男が死んだ。司馬遼太郎、「寅さん」と並べて、最後の「偉大な戦後精神」が死んだ、という特集を組んだＴＶ番組さえあった。

昨一九九五年は、戦後五〇年、その節目に呼応するような形で、大事件がつぎつぎに生じた。阪神大震災、オウム真理教「サリン事件」、円高、東京・大阪知事選で無党派候補の勝利、住専・金融破綻問題、エイズ薬害事件。その余震は、今年に及んでいる。これらは、日本の戦後社会の五〇年が生み出した「負」の遺産の噴出だ、といういわれ方がよくなされる。

だが、違う、と私は強くいってみたい。

簡単にいえば、一九七〇年代、世界も日本も、同時的に、人類史の新しい段階に入り始めたのである。そのいちおうの決着が、ソ連社会主義の「敗北」による冷戦構造の崩壊である。この新しい世界状況を不可逆的なものに決定づけたのが、「湾岸戦争」（91年）であった。それから五年、日本でも、「バブル」の崩壊、非自民政権の誕生、次いで、社会党党首を首班に担いでの自民の政権復帰、小選挙区制によるはじめての総選挙直前、というようにめまぐるしく転変している。しかし、これら一連の「事件」は、新しい現実に対する適応不全から生じているもので、戦後五〇年の「遺

産」によってもたらされたものではないのだ。新しい歴史の「始まり」は、つねに、いきつもどり

つの形を取って進むほかないからだ。

△対極なす丸山と司馬

日本の場合、うんと厄介なのは、九〇年までの「現実」の成功者であった、ということだ。古い快適であった現実に執着するシステムと人々が、あまりにも多いということだ。

同じことは時代意識についてもいえる。丸山や司馬という、戦後意識をになった精神が、この五〇年の節目で終焉を迎えたのではない、といってみたい。

まず、はっきり確認しておくべきことは、丸山がになったものと司馬がになったものは、時期においても、内容においても、になった人々の層においても、対極をなすものだ、ということだ。丸山は六〇年代までの知識人・ジャーナリズムの時代意識を代表し、司馬は七〇年代以降のビジネスマン大衆の時代意識を代表した。丸山は、日本と日本人の歴史と文化と思考の痛烈な否定者として、司馬は日本と日本人の歴史と文化と思考の肯定者として振る舞った。丸山は、日本には、システムと思想の双方において、固有な歴史構造がないと主張した。司馬は、日本のアイデンティティ（歴史構造）を具体的な時代と人物を通じて抽出しようとした。もちろん、丸山はたんなる反日西洋かぶれではなかったし、司馬は偏狭な拝外ナショナリストからいちばん遠いところにいた。

△90年以降の世界に絶望

このように対極をなす丸山と司馬ではあったが、丸山が日本に固有な政治・歴史・倫理意識を探

り出そうと、「古層」問題に手をつけて、その最後の仕事となったのは、八五年(「政事《まつりごと》の意識—政治意識の執拗低音—」)である。司馬の最後の小説作品は、八七年(『韃靼疾風録』)で、ほぼ同じ時期、新しい現実が如実に顔を出す直前だった。

日本に、歴史を通じて低音部に存在するある種の「思考、発想のパターン」を認めるという丸山の「古層」議論は、日本には無思想の思想しかないとみなした従来の見解の一部修正ではなく、全面否定へと導くものである。

また、「バブル」期とその「崩壊」期を通じて、司馬は、日本高度産業・消費社会の現在と未来に対して、「土地問題」をはじめ、憂国の士と見まがうばかりの、否定発言を繰り返した。

私から見るに、丸山はもとより、司馬さえもまた、九〇年以降の新しい世界の現実の進化方向に「光」を見出すことをしなかったのである。古い「快適」な現実に固執し、新しい現実が生まれ出ようとするときに生じる「軋み」に我慢できなかったのである。

丸山の死も、司馬の死も、もとより、マンネリであるがゆえに生き続けた「寅さん」の死も、戦後五〇年の死の象徴ではない。彼らは、歴史使命を十分に生き終えていた。現在は、新しい「現実」の「始まり」の五年を生き、すでに二十一世紀世界に足を踏み込んだのである。

(9・8)

4 匿名コラム「大波小波」

『東京新聞』96・1〜00・3。初めての長期連載コラムとなった。「証言」のある材料をベースに、という注文とともに、題名と匿名も、作品のうちだと念を押された。「記録」（書かれたもの＝書物）を話題（材）の中心においたものが多くなった理由でもある。

96年＝平成8

1 二重権力

小沢一郎が新進党の党首になった。橋本龍太郎が首相の座を譲り受けた。梶山静六が、内閣の要の官房長官に座った。久保亘が入閣した。舞台回しの役を担ってきたものが、ぞろぞろと表舞台に出てきた。風通しがよくなったように見えるが、それでいいのか。

柔構造は地震に強い。同じように、権力の二重構造は激動によく耐える。七〇年代以降、政権党を裏で動かしてきたのが、田中・竹下派である。悪役を買って出てまでして、激動の時代をどうにか乗りきってきた。たしかに、バブル潰しなどという狂態を、日和見を決め込んで見過ごすという誤りをやった。しかし、大枠は、役回りを十分に担ってきた。

ところが、党を、組織を縦横に動かす操縦役が、自民党も、新進党も、社会党もいなくなったのである。ガラス張りといえば聞こえはいいが、すっぽんぽん、すってんてんになった観がある。しかも、すでに、奇問、難問が続出しだしたときにだ。

二重権力、けしからん。ガラス張りにしろ。闇の力は表に出てこい、といわれ続けてきた。しかし、そうではないのだ。表でパーフォマンスが出来るのも、裏で存分のささえがあるからだ。ところが、裏の仕切人がいなくなったのだ。替わるべき人が見あたらないのだ。薄手のガラス箱に納まった日本の政治は脆い、と警告しなければならない。（馬）　［1・24］

2「超」勉強法

出たので、買って、すぐ読んだ。やはり、「超」売れ筋の作りをしている。野口悠紀雄『「超」勉強法』（講談社）である。

内容はてがたい。勉強はノウハウ、技術だ。きちんと方法さえ間違わなければ、誰でもそうとう程度の段階にまで到達する。この命題を、最後まで押し通すのである。

本の作りも、受験参考書顔負けの、パック方式である。これは読みやすい。こうでなくてはいけない。売れない純文学も、活字の行列に終始するのではなく、三分読むごとに、目先が変わる式のものも試みてはいかがだろうか。

もちろん、一時はやった、活字を斜めにならべたり、写真をべたべた貼った式の、落ち着かないレイアウトではない。読みやすいのだ。一テーマ・一ブロックごと、まとめて、目と頭に飛び込んでくるのである。スッキリしているのだ。

現役の大学生や若いサラリーマンには、記憶に新しい受験参考書の匂いを、存分にかがせてくれる仕組みになっている。総じて、すぎてしまえば、懐かしい。年輩の読者にも、忘れかけた受験期の緊張感を思い起こさせてくれるに違いない。しかも、内容は、コンピュータ時代の勉強法である。でも、特別のメニューはない。そこが「超」たるゆえんか。(馬)　［1・31］

3　憧れは映画監督

かつて、といっても四〇年も前、映画監督は、憧れの的だった。憧憬という点では、野球監督も同じだったが、野球の方は、現場からたたき上げた職人であった。ところが、大島渚や山田洋次がでるに及んで、映画監督は、東大・京大のエリートが座るべき椅子になった観があった。それに、かっこもよかったのだ。

しかし、その時、すでに、映画界は、ビジネスとしては最盛期を終え、粗製濫造してなおかつ面白かった、日活の活劇、東映のチャンバラ、松竹大船のメロドラマ、東宝の青春ドラマ、新東宝の⁉　は凋落の一途をたどり始めるのである。

その山田が、超長寿の寅さんシリーズに終止符を打った。次に、どんな形で変身して現れるか、楽しみだ。できるならば、活劇をやってほしいな。ダイハードのような。

そして、大島である。十年ぶりにメガホンをとるという。オオシマナギサ、映画監督、しっているかなー、しらないだろうなー。でも、「天才」だったのだ。請う、ご期待だ。

それにしても、監督の風体は変わった。大島は、和洋服を問わず、隆としている。ところが、『キネマ旬報』(95・11)臨時増刊号「日本映画界オールタイムベストテン」で堂々二一位にランクされた『ゆきゆきて、神軍』の原一男は、ただの中年オッサンである。もう若手ではなくなったが、シャープな『魚影の群』の相米慎二は、明らかに、あぶないオッサンである。形からいっても、映画監督は、憧れから遠くなった。でも、その原が、劇場映画用のラブストーリーに挑戦しているという。どんどんどんどん、日本映画は脱皮する時期に来ているのだ。(ファアン)　[2・6]

4　司馬が逝く

時代小説のブームが続いている。ファンとして嬉しいかぎりである。しかし、隆慶一郎が死んだ。それに、池波正太郎が続いた。そして、この二月十二日、司馬遼太郎である。寂しいかぎりだ。寂しさはそれだけではない。一時代を画するだけではなく、一つのジャンルを丸ごと創設するに足るほど大柄な主題と主張を持った、司馬を超えるような時代小説家が現れていないことだ。正確には、隆のように、司馬を超えたい、と強く念じている書き手がいないことだ。しかしである。

時を移さず、十四日、将棋の羽生が、タイトル総なめの七冠を達成した。それに野球のイチローや野茂、相撲の貴乃花である。いずれも、桁外れに強くうまい。しかも、新生種である。従来のタイプになかった若者たちだ。

司馬は、日本の小説世界の既成概念をぜんぶ取っ払ってしまった。胸にたまった書きたいものを、どのように書いてもいい、という範型を示したのである。あわせて国民の歴史意識に大変革をもたらした。しかし、司馬がどんなに遼《はるか》でも、頂は見えたのだ。その頂点を、まったく別なデザインで超えるようなものがでてもいいではないか、というのが私の願いだ。（遼馬）［2・20］

5　棄てる努力

モノの過剰生産・消費時代である。しかも、生産と消費のサイクルが、どんどん縮まっている。高速度で変化するということだ。ちょっと油断すると、モノがどんどん溜まってゆく。うんざりするだけではない。不潔のきわみだ。

「もったいない」という思想がある。過小生産・消費でいくのが、ベターだというういう思考だ。スモール・イズ・ビューティフル。一つのモノを、じっくり、いつまでも慈しむべしである。すっきりしている。いかにも清潔そうだ。

「バブル」が崩壊して、「清貧」とか「哲学」が独特の意味をおびて歓迎されてきた。ところが、ここへきて、立花隆『ぼくはこんな本を読んできた』や谷沢永一『人間通』が売れている。うれしいかぎりだ。ばんばん本を読んで、がんがん棄ててきた、読書の達人の軌跡が如実にでている本だからだ。

書物の氾濫、情報の過多など、おそれる必要はない。大いに歓迎すべきである。問題は、はじめから、特定のチャンネルしか開かないようにしようとする心的態度である。人は、自己愛の動物だ。

むしろ、身の内に溜まったものを棄てがたいのである。重要なのは、だから、棄てる努力の方なのだ。意識的に、浪費の精神を養うことだ。（棄人）　［2・26］

6　住専戦犯の首

住専問題で、各紙が総力特集を始めた。ようやく「オウム問題」の後遺症から抜け出て、新しい年の新しいテーマ設定がなされた観がある。

「戦犯」という言葉は、日本人の身に降りかかったことがある分、ちょっと割り切れないものが含まれている。しかし、住専問題の戦犯ははっきりさせなければならない。否、掌を指すように、はっきりしているのだ。

雑誌『潮』（96・3）別冊「住専糾明」で、谷沢永一は、一九九〇年三月、大蔵省銀行局長の名で、全国の金融業者に出された一通の通達、いわゆる「総量規制」の通達が、平成不況＝不動産不況をもたらした元凶である。その局長こそ、土田正顕だ、と指さす。谷沢は、土田を、引き回し、鋸引き、串刺し、車裂き、釜茹で、火焙り、磔、獄門首にしてもなお飽き足りないとしたうえで、住専の初代以降の歴代社長・役員全部、大蔵大臣全員を、「さらし者」にすべし、と提唱している。

もう一人のA級戦犯は、九三年二月、大蔵省と農水省の間で交わされた密約文書。住専処理で、農林系金融機関の元本を保証する、という内容のもの。その時の大蔵省の銀行局長が寺村信行。これで、農協系金融機関救済に巨額な国家資金＝税金が支払われることになった。

どちらも、銀行局長の「私」文書、「私」約束である。意味するところは、官僚による国家の私物化である。許せんではなく、許してはならぬ。（首切り人）

［2・29］

7　長編に編集者あり

各種文学賞応募作品に、受賞作、候補作を含めて、文学を変換させうるような新しいエネルギーが感じられない、行儀のいいものばかりだ、などという不満の声が常に聞かれる。しかし、観客席から見ると、審査員の方が、数倍マンネリ化しているのではないのか。各賞、毎回、審査員の総入れ替えで臨んだ方が、応募者に意欲と希望を与える、と考えて間違いない。

ところが、うれしい話がある。どんな文学賞にも無縁で、しかも、出す本がばんばん売れている伝奇的手法のミステリー作家、京極夏彦（32）のデビュー事情だ。九四年、仕事の合間に、たまたま書いたのが『姑獲鳥《うぶめ》の夏』。「長すぎて、文学賞への応募は不可能と判断し、出版社に送った。三日後に出版決定の電話。」「北海道ひと紀行」（『北海道新聞』2・26）が伝えている。

京極の作品を読んで、出版を「決めた」編集者は、さしずめ、社長賞ものだろう。しかし、無名の新人が、しかも、長編を送って、すぐに読んでくれるなどということは、皆無に近いのである。編集者とは、生原稿を読む人と思ったが、さにあらず。積んでおく人のことだ。京極の幸運とこの編集者の慧眼を引き出したのは、京極の作品の魅力である。このことを忘れずに、でもやはり、編集者の決断を讃えたい。（文運）

［3・18］

8　秀吉の威力

ＮＨＫの大河ＴＶドラマが、ずーっと低調だった。ところが「秀吉」である。特に、原作がいいわけではない。セット等も貧弱で、出演者もはまったのがいない。なによりも、竹中（直人）秀吉が、緒形（拳）秀吉より、数段落ちる。それなのに、ひさしぶりに、日曜の定時と、一週間遅れの土曜の昼に見るのである。次回が待ちどおしいのである。

やはり、日本人の秀吉びいきのせいと見なければなるまい。多くは、信長や家康に比較して、秀吉を好む。晩年の朝鮮出兵と、わが子かわいさの政権妄執をのぞけば、秀吉を、最高権力の座に上ったのに、なによりもかわいげのあるものとみなしている。

山田洋次の「寅さん」も人気シリーズである。だが、もし近親者の一人だったら、笑い事ではない。大いに気詰まりだろう。迷惑以上の感情を味わうに違いない。同じように、「さる」が自分の近くにいたらどうだろう。とりわけ、競争相手だったら、大いに辟易するに違いない。「さる」などと呼び捨てにし、かわいげがあると笑ってすまされるだろうか。

能力があって、下手に出て、しかも自分たちより数倍の働きをするものと、目の前にして「共同」するのは難しい。だが、そういう人間関係の「難関」を秀吉が突破するのである。胃の痛む思いで、しかも、目を離さずに見ているファンも多いのではあるまいか。（サル人）［3・9］

9　丸山真男の新研究

外国人による日本研究、大歓迎。日本の産業製品ばかりでなく、日本文化や思想まで、学術研究の対象になったら、こんなすばらしいことはない。

日本に留学経験のある、オーストラリアの若い研究者、リッキ・カーステンによって、「戦後日本の民主主義思想――丸山真男と主体性」が、邦訳出版された。著者は、丸山の民主主義思想には西洋世界の伝統に貢献するすばらしさがある、これを広く伝えたい、という。

丸山は、西欧民主主義思想をモデルにして、日本の戦前、戦後の思想を尺度した、といわれ続けてきた。私などから見ると、丸山の西欧思想の受容にも大いに問題があるが、それはおこう。ここでの問題は、外国の日本思想研究者に、この著者ばかりでなく、なぜ、丸山が「すばらしい」とされてきたのか、の理由である。

丸山は、西欧を見習うべきモデルにして、それから日本がいかに遅れているか、偏向しているか、を始めから終わりまで説き続けた論者である。大江健三郎が、あいまいな日本を撃つ、という基調音をもとにして作品を書き、ノーベル賞をもらったと同じような事情がここにはある、というのが私の意見だ。

西洋中心主義の視点から、日本の特殊性を批判するステレオタイプの日本思想研究と、丸山思想の評価とが背中合わせになっている、ということだ。（角川）　［3・25］

10　土地と基地

司馬遼太郎の「遺言」とでもいえるものが、土地私有の制限、あるいは、公有化であった。しかし、国や行政が土地を自由裁量できたとしたら、どうなるか。

土地私有の原則があるからこそ、沖縄の基地問題が鋭いものになる。住民が、土地の所有権を盾に、基地撤去を要求し、知事が住民の要求を忖度しなければならなくなる。もちろん、米軍基地は、ぜひにも必要だ。それが日本の防衛問題の現状だ。だがそのことは、住民が、自分たちの基本的権利に基づいて、基地撤去の要求をおこなうことを不可能にはしない。

基本的人権を、崇高で理念的なものとみなす必要はない。縮尺していえば、個人の「生命と財産」の不可侵なのだ。誰の侵害から守るのか。第一に、国家（権力）からである。個人の生命（身体）と財産が、国家の自由になるところには、自由がない。これは、社会主義が証明済みだ。問題は、だから、諸個人が、自分たちの「権利」だけを主張していたら、「国家」が成立しなくなることだ。

そして、私のところに基地はいらない、だが、日本には基地が必要だ、という矛盾を解決するのが、政治の「手腕」である。政治要素には、もちろん国民の選択も入る。この解決が困難だからといって、土地を国有などにしたら、基地問題は、せいぜい、騒音や治安問題になってしまう。（私有人）

未掲載

11　刑事被告人はだめよ!?

『俳句朝日』創刊号に、角川春樹の百句が載った。それに、抗議があった。麻薬等取締法違反の刑事被告人の作品の掲載は許せない、という現代俳句協会青年部長（夏石番矢）を代表とする百四名の連名でだ。

集団による抗議運動や声明は私の性に合わない、だが、『朝日俳句』の編集人や角川春樹を支持したりするものではない、と断りながら、西川徹郎はこういう。

角川が、刑事被告の立場にあろうが、獄中にあろうが、己の表現の武器としての俳句を作り、それをいかなる方法によって発表しようが、角川の勝手だ。とやかくいう必要はない。私の俳句は角川とは相容れない。しかし、私は、角川に纏わる俳人以外の側面を見ず、角川の俳句の言葉をのみ見てきた。「獄中にあって角川は恐らくは俳句がなければ一日たりと生きられなかったのである。獄中からの作品は殊更傑れたものではなかったが、しかし少なくとも作者は俳句形式を切迫した生の極限に於て捉えていたことだけは確かに読み取ることが出来たのである。」（『銀河系つうしん』第16号）

俳句は生死を賭けた孤立者の唯一残された最後の武器である。北海道芦別で実存俳句の旗を掲げて阿修羅のごとく叫び続けている西川の、胃の腑に落ちる正論だ。（傍聴人）　［4・3］

12 すわりこみ効果

四月十一日、九六年予算案が衆院予算委員会を通過した。難産のもとは、六八五〇億円の国費投入、是非。予算書修正、財政投入は凍結、で決着。

与党三党は、農林系金融機関救済を名目に、財政投入の根拠を示さないまま、数の力で押し切ろうとした。国民の猛反対も、議員の数を変えることはできない。しかし、意外なことが生じた。新進党が、窮余の一策、予算委員会室入り口にすわりこんだ。採決は不能になった。

もちろん、すわりこみ排除はできる。だが、住専破綻の経過と実状は開示されていない。巨額の財政投入にたいする国民の憤激がある。強行排除・採決を敢行すれば、ツケは選挙に直結。それで、与党は、待機戦術にでた。案の定、予算案が決まらないと、景気後退を招く、審議拒否はデモクラシーの否定で、すわりこみは児戯に等しい、という与党の主張に、マスコミが同調し出す。

それでも、新進党は耐えた（ように見える）。すわりこみ、いいわけない。でも、国民の支持を当て込んだパーフォマンス、大いに結構。ただし、支持がなければ、お笑いぐさで終わっただろう。胸をなでおろしたのは、新進党の方だった。もちろん、政治決着は、目に見えない力学が働いた結果。それでも、最初に、座り込みの「決意」がなければ、村山・橋本政権のツケを、国民は背負い込んで、無力感に陥っていたところだった。（親新進）

未掲載

13　荷風——歩行の人

永井荷風に関する出版があいついでいる。目につくのは、荷風（作品）を歩く、正確には、荷風の歩いたところを歩く、である。

路地裏をさまよう感覚で、荷風文学の楽屋内をのぞいてみせる半藤一利『荷風さんと「昭和」を歩く』（プレジデント社）をおもしろ本の代表だとすれば、作品の内法に沿いながら、荷風文学の蚤とり眼的なのぞき見を堪能させる中澤千磨夫『荷風と踊る』（三一書房）がまじめ本の代表である。ともに、存分に読ませる。

中澤の指摘するように、異端の自由放浪人荷風の気ままな贅沢を、たんなる好奇な目で見るのではなく、一つの選択可能な生き方として眺める余裕が、現在の高度消費社会でできるようになったという気分が、荷風を論じる人たちの共通基盤にある。荷風を同時代人として読む余裕ができたことは、いいことだ。しかし、時代は荷風の贅沢に追いついたのか。半藤も中澤もそうとは考えていない。

荷風の人生も、荷風の作品も、この時代を突き抜けた前衛性を勝ち取っている、というのが、中澤の主張である。でも、澁澤龍彦の快楽主義も、遠くは、ニーチェの過剰な快楽も、高度消費社会の波頭の下に消えた、というのが私の感想だ。荷風はどうかな。（快楽主義者）　［4・15］

14 かわいげがないゆえに

「大前研一の選挙の敗戦記はまことに稀有の珍なる読み物だ。大前は鼻先に自慢をぶら下げた専門バカとは思っていたが、これほどの阿保とは思わなかった。／文藝春秋の読者をうならせる論文を何度も書いた自分を、浅草や巣鴨の有権者はまったく無視したと、本気で驚き、嘆いている。世界でもっとも高い講演料を取る自分も、選挙では通用しなかったと、何度も何度も愚痴っている。あからさまに書いてまったく恥じない。どういう神経の持ち主か。世界は自分を中心に回っていると、心から信じて疑わなかったらしい。／こういう男を見ると、知識人の端くれであることが恥ずかしい。／こんな男を最高の経営コンサルタントと持ち上げていたのだから、日本の経営者も人が悪い。最初から一場の座興としてしか考えていなかったに違いない。」(「はがき通信」No.288 96・4・12)

こう、吐き捨てるように杉原文治はいう。まさに正鵠。しかし、問題は大前だけのことではない。小沢一郎、柄谷行人をはじめ、五十代を少しすぎた太平洋戦争中生まれの、いま、日本の各分野で中核を占めるものたちが、まことにかわいげがないのである。木で鼻を括る、そのままなのだ。指導者の第一条件、「人間通」に欠けるのである。これでは、世界と日本で、多くの人の信頼を勝ち取ること、おぼつかない。(戦中生まれ)　[5・9]

15 「大学で何を学ぶか」

「おざなりな授業を受けさせられる学生、その学費を払わされる両親、そして遊びほうけた卒業生を雇わされる企業…。」この現状を知りながら、改革がいっこうに進まない。なぜか。答は簡単。「現状のままで、誰も困らなかったからである。」と浅羽通明は喝破する（『大学で何を学ぶか』）。まさに正論。

浅羽は、いま「超氷河期」といわれる就職戦線のまっただ中で、「学べ！　学べ！」、「改革を！　改革を！」と叫ぶ恫喝派に冷笑を浴びせる。逆に、大学で「勉強」へ逃げ込むのは危険である。大学は「通過点」、「偏差値と就職」だけが大学にたいする世間の評価。ならば、希望する就職確保のために、四年間、大学を徹底的に活用する他はない。大学に学問を求めても「無駄」である。大学での一歩は、就職活動から。ならば、中谷彰宏『面接の達人』をこそ読むべし、と極論する。

ところが、「大学で学問を！」式の旧態然たるガイドブックが、今年も軒並みに店頭を飾っている。恫喝におびえたのか、新入生も、けっこう買っている。しかし、専門教育重視とはかけ声ばかりの大学、大学が養成する「専門家」などほしくはありませんの大企業、就職戦線が良好になれば、勉強などすぐに忘れる学生。三者の「本音」は見事に通底している。（休学生）　［5・9］

16 「教祖」の歴史的役割

オウム真理教の教祖、麻原の裁判が始まった。同時に、破防法適用に対する麻原の「弁明」がなされた。麻原は、裁判では寡黙、「弁明」では雄弁と好対照な姿を見せた。しかし、どちらも、自分を、宗教団体の象徴的存在としての教祖、無害な宗教家である、と印象づけようと振る舞っているかのようだ。

オウム教団と教祖麻原の犯罪は、その犯罪の「事実」と「証拠」によって裁かれるべきで、それ以上でも以下でもない。法廷の審理に任されることだ。問題は、なぜやすやすと、かくも多くの数の信者たちが無謀な「犯罪」に及んだか、である。

自己の生命と財産の裁量権を、国にであれ、会社にであれ、団体、組織、そして家族、あるいは特定の他者にであれ、いったん譲り渡すことを認めてしまえば、どうなるか。天皇＝国、書記長＝国家、社長＝会社、教祖＝教団、家長＝家族、主人の命じるままを演じる、奴隷人間になる、ということだ。戦前の日本、社会主義国、たこ部屋同然の会社、家父長制家族、奴隷制、という形で歴史に生き続けてきた個人抑圧システムに身をおくことなのだ。とくに、オウム真理教の出家主義は、システムとしては、もっとも単純な共産主義と瓜二つである。人間の自由を守るためには、ともに、歴史の中に封印しなければならない、ということを歴史の教訓としたい。（個人主義者）　［5・23］

17 「外注」がいいのだ

「ＴＢＳ問題」の処理で、ワイドショウ等を仕切っていた部局が廃止、報道局の支配下に入った。ジャーナリズム本来の姿にもどろう、ということらしいが、時代錯誤もはなはだしい。しかし、ここでいいたいのは、今一つのことだ。

番組等の企画・制作を局外部の「下請」や関連会社に発注する、いわゆる「外注」システムは、「無責任体制」の温床である。ゆえに、縮小、打ち切り、廃止がよい、という結論になった。

放送番組に限らず、「製品」を原料調達から生産、流通・販売まで一貫して本社の「自給自足」システムで仕上げる方式は、いまや、時代錯誤。フットワークの悪い生産と経営システムの典型となった。常に新しい血を注入し、変化に適応し、創造性を高める方向にブレーキをかける。とくに、迅速、軽快をむねとするＴＶ産業には、致命傷となる。

もっとも、「外注」は、本社サイドからいえば、安価な、かつ責任を曖昧にする手法でもあった。しかし、フリーな立場から、多様な発想と手法で作るのが、「外注」の最大長所。大競争の時代、ますます「外注」需要が拡大せざるをえない。もちろん、「外注」で「無責任」な番組や製品を作れば、おのが存在の否定に直結する。端的に、契約解除だ。きびしい。それでいいのだ。だから、問題の所在は、「外注」廃止ではない。「外注」が、その固有な責任を再確認し、全うすることにある。（下請）　［6・3］

18　電子ブックの値段

大型百科事典の電子ブックが、プレーヤー付きで、本体の約半額の値段で売り出されている。携帯プレーヤーで利用しているだけでなく、これをパソコンのハードディスクに入れて、活用している。とても便利だ。キイの操作だけで、お望みの項目が、瞬時に出てくる。あのばかでかく重い事典本体を、夜中、灯りの下で見るのはとてもつらくなっていたから、ずいぶん助かる。それやこれやで、ひっきりなしに使う。だから、本体の値段に比べて、ずいぶん安いな、という感じがする。

しかし、である。私は労働価値説に立つものではないから、製作費に見合った価格を、と要求するわけではない。だが、この一枚のＣＤ（ログ）が、あの膨大な紙と活字の詰まった事典本体と比べて、この値段では、あまりにも高すぎるのではないのか、という気がしきりにするのだ。

活字印刷が普及して、本の値段が安くなった。活字本が写本や版木本を駆逐した。「電子ブック」などという活字本の「付録」としてではなく、「ＣＤ」本として独立し、普及してゆき、活字本を凌駕してゆくと、活字本がたどったと同じように、かぎりなく製作費に近づいてゆくのだろうか。そのとき活字本の運命はどうなるのだろうか。

ＣＤ版日本文学全集全百巻五千円、などということになったら、楽しいだろう、という反面、物書きの端くれとして、ちょっと恐ろしい。（小心者）　［6・8］

19　フランキー堺の背番号は3

六月十日フランキー堺がなくなった。五八年、TVドラマ「私は貝になりたい」（脚本橋本忍）の主演で、シリヤスな役をこなす俳優の仲間入りをし、長く大阪芸術大学で教鞭をとり、最晩年の注目作「写楽」でも、企画・出演と大車輪で活躍した。渋くて、一途な役を存分にこなした、後半生であった。

しかし、その前半生は、まったく別な印象を与える役を演じたことを忘れないでおきたい。まず、ドラマーとしてのデビューがある。堺のドラムは、ドラム音楽の全盛時代、ダイナミックさと都会性を超えたなまなましさに満ちていた。しかも、純日本製なのだ。その珍妙な顔とスタイルの奥に、得体の知れない野獣が住んでいるようだった。

五八年、長島がプロ野球デビューした。その前年、入団の記者会見に現れた長島の顔が、フランキー堺にそっくりだった。決して、長島の顔にフランキー堺が似ていたのではない。長島には、どんなコーチャーにも飼い慣らすことのできない、珍妙で獰猛な生物が棲みついているように見えたのだ。

それは人を喰い殺してしまおうか、という野蛮さとは違っていた。自分の精神や肉体という入れ物に入りきらず、それを内側から突破せずにはおれないという、とてつもないエネルギーだった。それ以降、スターといわれた人に、この内的獣性を感じたことはない。（超長島）　［6・15］

20　解題がおもしろい

「丸山真男集」が順調に出ている。見逃せないのが、第一巻。最初期の作品集だ。一部は、『戦中と戦後の間』（みすず書房）で読めたが、初見の「法学部三教授批判」などは、匿名だが、丸山のやんちゃぶりが窺えて、おもしろい。

しかし、見逃せないのが「解題」（植手通有）である。こういうのだ。

丸山が東大に助手として残ったのは、丸山の強い意志でなかったばかりか、やりたくもない日本政治思想史に手を染めるようになったのは、指導教官の南原繁の思惑からであった。当時、「国体明徴」運動があり、文部省から、帝国大学の主要学部に「国体講座」開設の働きかけがあった。南原は、それに便乗して、丸山を押し込もうとしたのである。

ことは、迅速に実現した。この間の経緯、津田左右吉が最初の非常勤講師として採用されたが、右翼の激しい批判にあい、すぐに、丸山が国体思想研究のための新講座のスタッフに採用が決まった、というのも人事の仕掛けとして万全だ。戦後、国体思想の批判者として登場する丸山は、この点で、まさに「鬼子」である、と解題者がいうとおりだ。

丸山の言説には、人事や処世術という、およそ丸山の論文から受ける印象とはほど遠い、生々しさがほの見える。丸山集の各巻の解題は、その間の事実関係を、意外とすらすら語って、読者の覗き見趣味をも満足させる。（角山）　［6・27］

21 瀬戸内・ヤマト・東京湾

東洋史学の泰斗、宮崎市定が数えの九十五歳で死去してちょうど一年目、全集に付された跋文全部を集めた『自跋集――東洋史学七十年』（岩波書店）が出た。なかでも、宮崎の研究本筋から少し離れた著作を楽しんできたものにとって、従来の日本古代史研究にたいする宮崎の異論の押さえどころが、とくにおもしろい。

一つは、瀬戸内海が地中海と同じ機能を持っており、その中心は、東のはずれの河内と大和にあったこと、地中海のシリヤと同じである。さらに、その力はじょじょに西に延びていったことも、また同じとしなければならない。記紀にある神武東征は、したがって、西征と読むべし、というのだ。

この瀬戸内海国家ヤマトの「自立」を前提にすれば、朝鮮半島を回廊とする中国大陸との「交通」は、多様な姿と複雑な相互の絡み合いで押さえることができる、という宮崎の比較地政学的卓見に、教えられること大だ。

それで、というわけだが、東京遷都である。首都機能分散化で、またぞろ利権屋が色めき立っている。しかし、おそらく、近代都市で、東京のように奥行きが広い湾と関東平野、さらにその湾岸に広がる多様な産業・文化群をもった都市は、存在しない、といってよい。地政学を馬鹿にしてはいけない。この空・水・陸の要路で、日本の中心に位置する東京の機能縮小は、日本の致命傷にな

りかねない。（古代妄想）　［7・4］

22 沖縄・ドイツ・日本

沖縄の基地問題は、ひとり日本政府の問題ではなく、日本人全体で、正面から受けとめるべき問題だ。単純化していえば、こうだ。

戦争とは、国家と国家がおこなう総力戦である。もちろん、人命が失われる。国家が、この総力戦で、犠牲になった人たちを、国家の力で救済・補償することが、国家であることの基本条件になる。だから、戦死した人たちを手厚く葬り、軍人恩給等の支給をおこなうのは、国家の当然の責務なのである。

ところが、日本国は、沖縄と沖縄の人たちに、日米決戦の直接戦闘の役割を与えながら、その甚大な犠牲に対して国家保障をしていない。そればかりか、長い間アメリカの直接支配下に放置し、いまなお基地の島の役割を背負わせている。

ドイツは、戦争による犠牲者を、犠牲に会わなかった人たち全員から徴収することで、国家保障をおこない、国家としての当然の責務を果たした。徴収高は、資産の半分と聞く。とてつもない額だ。しかし、戦争の犠牲や痛みを分かちもとうというのであれば、当然の処置といえる。

日本と日本国民は、ドイツの戦後処理に照らせば、こぞって、沖縄の人たちに頬かむりをしてきたわけだ。この点について、日本と日本人は、早急に、沖縄と沖縄の人たちに、明確な態度表明を

しなくてはならない。（非被害者）　　［7・15］

23 「人間通」の作家

十八世紀のイギリスの思想家ヒュームの処女作は『人間本性論』（岩波文庫）。若かったが、自信満々で自費出版。ところが、見向きもされなかった。普通、才ある人は、自説が聞き届けられないと、自著が売れないと、聞くもの、読むものの水準の低さを言いつのるものだ。とくに、若いときがそうだ。私でさえ、そんな態度で、あたら才能を失った人を周囲に何人ももっている。

ところが、ヒュームは違った。自説には満々たる自信がある。それが売れなかった、読まれなかったのだから、説得の仕方が、書き方がまずかったに違いない、と考えた。彼は、徹底的に書き直した。書くスタイルを工夫した。後に、ヒュームは、英語の範型となるような名文家のひとりになる。そして、彼の処女作も、文名あがることで、彼の、あるいは、近代哲学の名著の一つに数え入れられるようになる。

「人間本性」の「本性」とは、「自然」のこと。つまり、ヒュームが書いたのは、名論卓説の類ではなく、「人間通」のことだ。どんな人間にも共通にある「自然」をきちんとわきまえて、考え、判断し、行動すると、スムーズに行きますよ、といったわけ。

ヒュームの主著から二五〇年、いま日本で、「人間通」がキイワードになっている。物故した司馬遼太郎の小説のキイワードがやはり「人間通」。多くの読者を獲得した意味を熟考している。（願

完売）

24　人間、このいじめたい存在　［7・24］

「いじめ」が深刻な問題だとされて久しい。しかし、問題なのは、「いじめ」を問題化する、マスコミや世間の姿勢にある。いじめの「現場」責任者として「指定」される学校や教師が、その誤った指摘を正面から跳ね返せない事態にある。

人間の支配欲や好戦欲をなくすことができないように、人間社会から「いじめ」を抹消することはできない。できるのは、悲惨な事態に陥らないように、相互によく防備し、陥った場合は、「跳ね返す」ことも含めてよろしく対処することである。

ところが、いじめは、そもそも、「よろしくない」「ありうべきではない」とされる。そのありうべきでないことが「学校」で生じているのに、それを放置している学校と教師が指弾されてしかるべきだ、とされる。

谷沢永一の最新刊、「いじめを粉砕する十の鉄則」というキャッチコピーをもつ『人間通の喧嘩教育論』（PHP研究所）は、いじめ問題を正面から見据える。いじめは人間社会の「常道」であり、問題なのは、その常道を覆い隠すマスコミや世間の視点であり、この常道を跳ね返す力のないいじめられっこであり、そういう脆弱な子供を育てた親である、あえていえば、母親である、とズバリ明示する。

くわえて、適切かつ簡便かつ具体的で、誰にでもすぐにできる対処法を提出する。この本、いじめ問題で苦闘している教師たちの福音となろう。（狂士）［8・6］

25　七十五歳は円熟期

大西巨人のものは、どれもが好ましい。おのが身に突き刺さり、身のすくむような文言に満ちているが、それでもすぐ手に取る。

その全エッセイ文が集められて、「大西巨人文選」全四巻がみすず書房から刊行され出した。ここで紹介するのは、第一巻と同時刊行された、第四巻の『遼遠　1986-1996』。

大西は、九五年に小説『迷宮』（光文社）を出して、ようやく「中期前半の仕事」が終わった、と宣言した。一九年生まれだから、ちょうど七十代の真ん中。老いてますます創作力旺盛、などということか。違うのだ。

大西が『神聖喜劇』を出し終えたのが、一九八〇年、「初期」が終わった、と宣せられた。その言やよし。六十代に入って、遅筆もなんのその、長編小説だけでも、『天路の奈落』『地獄変奏鳴曲』『三位一体の神話』『五里霧』と『迷宮』というように、中期前半の一五年間に、五冊ものした。「中期」といえば、まさに働き盛り。それが円熟して、「中期後半」にいたり、「後期」には大収穫が待っている。

しかし、それは期待であって、やはりのこと、老いてますます、なのではないのか。本書に、

「スライド制」がある。漱石は四十九で鬼籍には入った。人生五〇年の時代である。これを人生八〇年の時代にスライドさせると、七十八歳強。それでも、大西に、後わずかしか残っていない。しかし、円熟期の谷崎が『細雪』を出し終えたのが六十二歳。換算すると、九十五歳。七十五歳からの大西、ようやく円熟期を迎えた、と再確認しなければならない。（巨人ファン）［8・17］

26　言葉で動かす人

八月十五日、丸山真男が死去した。言葉のもともとの意味の「インテレクチュアル」（知識人）の最後の人が死んだ、戦後精神の最後の支柱を失った、といういわれ方をしているが、その知識人、戦後思想家といわれてきたアカデミシャンの中で、丸山が特別だったのは、言葉で動かす人だった、とりわけ、活字で人間の心を揺さぶるような書き方のできる「唯一の人」だった、と再確認しておきたい。

内田義彦（経済学史）、川島武宣（法社会学）、大塚久雄（経済史）、武谷三男（理論物理学）、宇野弘蔵（理論経済学）というように、戦後前後するように学界だけでなく論壇でも活躍し、大きな影響力を持った「知識人」の中でも、群を抜いた言葉で動かす人だった。

かなり若い研究者が、丸山に話が及んで、「丸山先生」と発する場面にしばしば出くわしたことがある。お弟子さん、と聞くと、一面識もない、著作だけでしか知らない、というのだ。丸山が書く言葉の魅力は、「教祖」の魅力である。私たちの世代は、そのいう内容、なすことについて反対であっても、その言葉の魅力、言葉の押し出し方の華麗さにとりつかれるような書き手に出会った。その双璧は、丸山であり、中野重治であった。「戦後知識人」などというものの実体が消えてすでに久しいが、言葉で動かす人丸山の魅力だけは消えていない。（被動人）　［8・24］

27　イベント対生まれ変わり

各種の統計が示すところ、二十代後半から三十代の未婚の男女が増えている。彼らは、独身貴族を謳歌しているのか。そんなことはない。結婚したいというエネルギーが充満しているのに、結婚年齢が上昇し、独身者が増えている。なぜか？　このパラドックスを解明しようというのが、山田昌弘『結婚の社会学』（丸善ライブラリー）である。

著者は、結婚難の「俗説」を、統計によって論破してゆく。曰く「男余り」説、曰く「結婚したくない人が増えた」説、曰く「男女交際が下手になった」説、曰く「わがままな若者が増えた」説、曰く「遅れている男性」説。

著者がこれら俗説に対置するのは、結婚意識の男女差に視点を合わせたテーゼ、結婚は、男性にとっては「イベント」、女性にとっては「生まれ変わり」である。

男性は、自分の人生コースの邪魔にならないものと了解して、結婚する。つまり、結婚＝イベントだ。これに対して、女性は、結婚を「生まれ変わり」ととらえる。だから、自分の両親より「よい」生活を可能にする男性と結婚しようとする。高度成長期、自分の両親より高学歴の男性を見出することは簡単だった。しかし、低成長期、女性の父より経済力が上の男性を見出すことは困難になった。経済力が高い父をもつ高学歴の女性と、経済力と学歴の低い男性は、ことのほか結婚相手を見出しにくくなる。

これで結婚問題が片づくわけではない。しかし、結婚を「偏見」や「希望的観測」を排除して考察する著者の分析は、大いに参考になる。（異弁士）　［9・7］

28　三匹目か、民主党

鳩山由紀夫の新党づくりは、第一ラウンドで蹴躓いたが、第二ラウンドはどうやら思惑通りに進んでいる。世代交代は一気に加速しそう。それにしても、「民主党」には驚いた。

民主党は、自由党（吉田茂総裁）を脱党した部分と進歩党が合同し、保守中道を掲げて、一九四七年三月結成された。総裁は芦田均。四七年四月の総選挙の結果、社会党、国民協同党と連立を組み、短命だったが、片山哲（社会党）内閣、芦田内閣を担った。

日本民主党は、反吉田政権を掲げて、自由党反主流派、改進党、日本自由党の合同によって、五四年十一月結成。総裁は鳩山一郎、幹事長は岸信介。改憲・自主防衛を掲げ、社会党の協力を得て、政権についた。

そして今回の鳩山・菅直人が旗を振る民主党である。由紀夫は、鳩山一郎の孫。一郎は、自由党の第一代総裁で、四六年四月、新しい選挙法による最初の総選挙で勝利したが、組閣寸前で、公職追放にあい、吉田に総裁・首相の座を譲ったという経緯があった。

政治家は、権力の頂上を目指す生き死にのレーサー。小選挙区制による最初の総選挙が間近に迫ると見るや、集合離散がにわかに激しくなった。「民主党」と聞いて、古くさい、と感じた人もいるだろう。アメリカの真似、という人もいる。しかし、政権奪取をめぐる表舞台に飛び出た鳩山由紀夫の脳裏に、歴史は三度繰り返す、という教訓があったとしたら、すごい。言葉は人を無意識にも動かすからだ。（祝乱戦）　［9・14］

29　人生と本の価値について

九四年四月、北海道新聞の日曜版に地味な形のコラムが連載されだした。筆者は西尾幹二。初発は、真実について「知らないでいる権利」。「その中でも、いちばん知らないでいた方が安全なのは自分の能力に関する真実である。」「知らないがゆえに、明日は生きるに値する。」

同じ物書きとして、ああ、こんな形式で、こんな内容のものを書きたいなぁ、と思い抱いてきたものがある。それが、西尾によって毎週繭が糸を吐くように語られはじめたのだ。羨ましいなぁ、とつい口に出てしまったほど、毎回、引き締まった表現と内容が展開される。二三の編集者に切り抜きのコピーを送り、いますぐ直ちに、西尾さんのところへ飛んでいって、完結の折りには、当社から出版を、という確約を得べし、と電話した。

編集者は、走らなかったようだ。そして、二年後、連載終了を待つようにして、『人生の価値について』（新潮選書）が刊行された。

驚くべきことに、といったらいいのか、当然だ、というべきなのか、売り上げベストテンの常連になってしまった。著者が紡ぐ言葉は、苦い。モラリストのそれだ。しかし、人間の生を、深いところで大肯定している。そこが、ただのモラリストと違う。名著で売れる本は稀だ。しかし、新潮選書は、谷沢永一『人間通』に続いて、売れるに値する本をまた送り出した。（売祈願）［9・26］

30 政界の世代交代

現在、いちばん世代交代が激しいのが、政界。さきがけの武村正義が、六十二歳で、「長老」の範疇に押し込まれ、戦後世代が政治の主役を、という民主党の鳩山（49歳）や菅（50歳）に袖にされたことは、そのもっとも象徴的な出来事である。自民党の橋本総裁と加藤幹事長が五十九歳と五十七歳。新進党の小沢や、中央政界のキイマン復活を賭けている民主党の横路元北海道知事は、ともに五十四歳。上げ潮にある共産党の陣頭に立つ書記局長の志位は、四十二歳。凋落一途の社民党指導部の超高齢化とは、じつに対照的だ。

それに、小選挙区制という新しいシステムが世代交代に拍車をかけている。「大物」議員が引退に追い込まれてゆく。

しかし、「老化」は政治家たちの身から出た錆だ。というのも、政権が変わり、政党の組み合わせや議員の所属が転変し、何よりも、日本の国際地位が低下したのに、政治路線と政策の是非を国民に問う厳しい洗礼を避け、ぬるま湯の中で新陳代謝を怠ってきたからだ。ということは、問題は年齢にないのだ。

老化と高齢化はパラレルではない。しかし、試練を課すことを怠ると、高齢化が老化に拍車をかける。若くても、官界の驚くほどの動脈硬化はどうだ。高齢化が、即、老化と結びつくほどに、財界は旧態然たる手法に終始している。この老化を排するのも、政治の大事な課題だ。（54歳）

［10・14］

31 編集プロダクション

出版社の下請けで、編集プロダクションがある。個人のから、十数人のスタッフを抱えているのまで、千差万別だ。私は、出版「社」とのつきあいは避け、編集者「個人」との関係を大事にしているから、ある意味では、大いに助けられている。ところが、いかがわしいのもある。それも、特定の出版社の専属のような形で、一つの勢力をなしているようなところだから、たまらない。

書き下ろしを依頼される。はじめてお会いする。A出版社のトップの人が同席。簡単に話がまとまる。トップがいうには、是非あなたを売り出したい。

レジメを送る。そのへんでよろしく、と編集者からOKがでる。定稿を送る。一週間、返事がない。原稿届きましたか、とFAXを入れる。

数日後、読ましてもらいました。結構です。ただ、原稿はA社の好みに合わない。別な社に頼もうと思いますけど、いかがですか、というのだ。そこでやりとりがあり、最後に、Ａ社のご意向なら、出なくて結構、と答えた。ところが声調が変わって、編集者の判断だという。それは変じゃないか、というと、再度、Ａ社と相談することになり、ＯＫがでる。この間、一〇日。

それから一月たって、Ａ社で一章全部を書き換えてほしいといっているが、どうされます、というＦＡＸが入る。書き換えるのはやぶさかでない。しかし、こういう経緯では、出版社や編集者に仕事を託せたものではない。もちろん、すぐに、原稿の返却を、と返事した。（徒労）　未掲載

32　池波と司馬の書誌

池波正太郎は、語られることの多い、その作品が演じられることの多い、実に華のある作家だった。池波自身が趣味の人で、それに関連する本や話も、興味が尽きない。死んでなお、池波への関心は変わっていないようで、あいかわらず、その作品は読まれている。ところが、亡くなって六年以上も過ぎたのに、全集はおろか、書誌さえも出ない。出るだろう、という話も聞かない。

池波の代表作といわれているものでさえ、初出が簡単にわからない有様なのだ。これには往生している。池波は、戦前からの作家ではないのだ。散逸してわからない、などということはなかろう。膨大な作品を残したことが、出ない理由にはならない。

これと正反対なのが、司馬だ。司馬には、その全作品を追跡している奇特な人がいる。司馬の人となりにも通暁している。しかも、驚く必要はないが、純然たる文学畑の人ではない。そして、存

外に若い。専攻は日本政治史。書誌学はもちろん独学のよう。山野博史。つい最近、巻頭に司馬の推薦文を配した書評集『本は異なもの味なもの』（潮出版）が出た。本好きの血が通った好著だ。司馬の全集は、文藝春秋から出ている。しかし、現在の単行本、文庫本の売れ行きから見て、どうも、完全な全集は当分望めそうもない。ならば、書誌の早期の完成が望まれる。書誌は、好事家の独占物ではない。読者が、手元に置いて、好きなときに利用できるようなものが好ましい。ましてや、池波や司馬は大衆作家だったのだ。現在でもそうである。（書誌衆）

［10・17］

33　小人猫変の報い

小選挙区比例代表制の下での総選挙がはじめておこなわれた。「ますますどぶ板選挙になった。やっぱり中選挙区の方がいい」という声が圧倒的に多く報じられている。しかし、選挙民の顔をいつも見ているのがなぜ悪い。問題は、「どぶ板」程度のことしかできない、あるいは、それでお茶を濁している政治家の無能さにあるのだ。

「忙しい」という奴に、ろくなことをしているものがいない。それは政治家であろうが、大学教授であろうが、ビジネスマン、主婦、受験生に至るまで、みな同じである。バンバン仕事をしているものに、「忙しい」などといっている暇などない、といってみたい。

新進党の後退は、内部ごたごたが続いているから当然としても、よく票の出方を見れば、僅差で自民党の後塵を拝したところが少なくない。次回で逆転、政権奪取可能の範囲なのだ。しかも、当選数から見ても、国民は、連立政権党に信任票を投じたのでないことは、明らかだ。

特に無惨だったのは、選挙民の意向を度外視し、国政の舵を取るなどと気取ってみせるが、その実、甘い蜜ほしさに、身売りを重ねた「小人」たちだ。政治家が、果敢に豹変して悪いわけではない。むしろ、時代の変化を先取りし、それを政治の力、つまりは権力で実現するのが政治家の本分だ。でもそれは「君子」「大人」のことであって、「亡者」のことではない。（中人）　〔10・26〕

34　任期制は大学に限らない

文部省の大学審議会組織運営部門が「任期制導入」の最終答申を提出した。知的学術の府を標榜する大学が、自ら人事の流動化をはかって教育研究を活性化する力を見せることができなかったとの結果である。これなぞは知的頽廃と貧困以前の問題なのだ。競争なきところに成果は生まれない。

しかし、翻って見れば、「任期制導入」の必要性はなにも大学に限ったことではない。むしろ、民間会社や官庁、公共企業体でこそ導入が早急かつ必須にはかられてしかるべきである。ただ、官と民との違いは、民が、人材の刷新を断行し、パワーアップをつねにめざさなければ、自らの首を絞めることになる、ということだ。長い目で見れば、官だって、同じことだが、首の締まり具合のスピードが違う。民が、足下のことに属するのに、官では、遠くの他人事に属するからだ。

とりわけ猶予ならないのは、中央省庁から地方の役場に至るまで、「公務員」の任期制導入である。大胆な定員削減である。そのための民間への業務移行、民営化である。行政に寄生している事業体や法人の廃止である。

だが、企業も国民も住民も悪い。可能な限りの自助努力を破棄し、行政保護に身を隠したり、隅から隅まで政府、官庁、役所任せにしていることだ。結果として、行政の肥大化を自ら招き込んでいることだ。（にんき者）　〔11・14〕

35　新書の流れが変わるか

また新たに新書版の新規参入があった。「ＰＨＰ新書」で、００１が谷沢永一『人間通になる読書術』、００２が西部邁『知識人の生態』、００３が林望『知性の磨きかた』以下二冊が続く。ちょっと新味に欠けるきらいはある。

ＰＨＰ研究所お得意のハウ・ツウもの。しかし、「たんなる知識に終わらない深い思索へ、そしてよく生きるための哲学への旅」をめざす、と「刊行にあたって」にあるように、新味を出そうという気配はうかがえる。

そして、最もよく売れているのは、林望の本だというのだから、これも面白い。この人の主調音はつねに、オールディズ。そういえば、谷沢も西部も、顔は「歴史」の方に向いている。だが、二人が、それぞれ角度は違うとはいえ、人間通＝知恵、言葉の知恵を基調にしているのに対し、林は

「客観的認識」を基底にした知性を押し出しているのが、特徴的だ。ただし、理性主義、主知主義の「知性」ではなく、知性の使い方、つまりは知恵というところである。

この新書、やはり、特記しておきたいのは、装幀だろう。カバーは小豆色一色でまとめられている。単純が一番困難だ。それを選んで、先行の岩波や中公の新書と十分対抗できるできばえになった。若手のブックデザイナー芦澤泰偉がきまったときは、有無をいわせぬ仕上がりになる。これもその一作だろう。（新書人）　［11・28］

36　本がFDの付録

家人がパソコンのモニタとにらめっこしている。のぞくと、家計簿のソフト。しかし、ちょっと変わっている。このソフト、形の上では立派な本、『これは便利！　見やすい家計簿』（BNN）の付録なのである。でも、本（本体）の中身は、ＦＤ《フロッピーディスク》に入った家計簿ソフトの使い方を詳しく書いたマニュアルなのだ。

これで、夜、食卓の上で電卓片手に、小さなレシートの数字を家計簿用大学ノートに書き入れてゆく労力がうんと省けるのかというと、そうは簡単にいかないだろう。しかし、最初の面倒をいとわず、一月も続けることができれば、パソコンを手放せなくなる、というのが私の予想だ。

いいたいのはＦＤつき家計簿のことではない。書籍とＣＤあるいはＦＤの関係だ。すでに電子ブック（ＣＤ版）がある。でも、書籍（本体）の純然たるコピーだ。この関係を逆に、ＣＤ・ＦＤ

版を本体にし、紙に印刷した方は、必要な人に別価格で頒布する、というようにしたらどうだろう。活字で仕事をするものにとって、CD・FD版なら、さまざまな形で利用可能になる。特にほしいのは、ビジネス書をはじめとする実用書より、入力困難な「古文」や旧仮名で書かれた古典類である。これは便利だ、と思いませんか。（PC坊主）　〔11・30〕

37　ゴールドプラン

数年前、極寒の時、私用で尋ねてきた厚生省のエリート官僚と、膝を交えて話したことがある。いま話題になっている「ゴールドプラン」の起草者のひとりである、ということだった。民間の力を思いっきり活用し、二十一世紀の超福祉社会に対応可能なシステムと人材を作り出さなければならない、と役人としてはかなり大胆な発言をしていた。その点で、私もまったく賛成だった。

しかし、問題は、バブルがはじけた今、福祉「業界」にどっと群がってきはじめている利権屋の問題をどうするのか、また、既存のやらずぶったくりの福祉施設と厚生省を含む行政、さらにその周囲にがっちりと根を張る関連の公的、準公的組織に、どう対処して行くのか、それなくば、福祉の拡大は、血税の食い逃げに道を開き、公的権益確保に絶好のチャンスを与えること必至ではないのか、と率直に聞いてみた。その通りだ、という。

ゴールドプランが発足した。今回、岡光事務次官をはじめとする中央地方行政と彩グループの目に余る癒着ぶりが発覚した。杞憂は当たった、などとのんきに構えているわけではない。それでも、民間の力、補助費や措置費に基本をゆだねるのとは異なった福祉サービスのシステムを作らなければならないというあの官僚の声を、私は忘れたくはない。（シルバーマン）［12・7］

38 官僚改造論

日本の政治家は三流だが、官僚は一流だ、という「伝説」がまことしやかに流れていた。厚生省や通産省の官僚不祥事で、この伝説が最終的に消し飛んだことは、目出度いとしなければならない。厚生省岡光前次官は、優秀だったそうだ。仕事のできる人だったそうだ。本当にそうか。

優秀の証明は、東大に受かり、国家公務員上級（甲）試験、かつての高等文官試験、現在のⅠ種試験をパスしたからだ。仕事ができたのは、Ⅰ種試験を通ったキャリア組に、若いときから「特別」な役職と仕事が回ってくる仕組みになっていたからだ。入社前の、一度や二度の、それも「暗記」主体の試験で、優秀だとか仕事ができるだとかを前もって決める人事運営をしている「会社」は、この競争の激しい社会では、あっという間に潰れるだろう。国の運営だって同じだ。

それに、「退官」の時期が早すぎる。席を空ける、天下り先へどうぞ、ということだが、五十歳代のなかばは、まさに働き盛り。一方で老害の弊やまない財界だが、最長老が五十代というのでは、異常だろう。問題は、キャリア組が、二十代から、特別な地位について、特別な仕事に手を染め、五十代で「上がり」、という仕組みにある。後は、天下って「利権屋」の先棒担ぎに変身するというわけ。この点でも、時代錯誤のⅠ種試験廃止は必須である。（私職）［12・16］

39　今年の思想「事件」

今年の思想的事件の最大のものは、司馬遼太郎と丸山真男の二人の死であった。

丸山真男は、その定型的理解をも含めて、語りやすい思想史家であった。事実その作品と生き方について、毀誉褒貶相半ばするような形で、よく語られた作家であった。この人、万事につけ、感情まるだしといっていいほどに、きわめて率直に語ったのである。それは、抽象的思想論であるか、「丸山真男集」（全16巻・別巻1）第16回配本・第16巻所収の「雑纂」であるか、に変わりがなかった。丸山の胸を借りて進化した思考者も、吉本隆明を始め、数限りない。

これにたいして、司馬遼太郎は、意外と、論じられることの少ない作家の一人だった。七〇年代までは、加藤周一のように、司馬の「非娯楽小説」は、天才主義によっており、「われわれがわれわれ自身の社会的現実と歴史的立場を発見するのには役立たないだろう」（「朝日新聞」77・10・26夕刊）と一刀両断的に論じたものもあったが、八〇年代以降、正面から司馬を批判的に論じるものはきわめて稀になった。無視するか、無関心を装わねばならないほど、司馬の思想家的存在が圧倒的になった、と感じられたからだろう。しかし、重石が取れたのか、その死後、洪水のように司馬が語られ出した。まだほとんどは「鎮魂歌」だが、これから、どんな司馬分析批判がでるのか、興味つきない。（思想屋）　［12・28］

40　九七年新企画

正月元旦にどさっと来る新聞は、図体ばかりでかくて、読むところがない。ただ一つ、見逃したくないのは、各出版社の新年度の新企画発表。

社会主義が崩壊して、歴史の書き直しが必須。中央公論社が、昨年、三五年ぶりに「世界の歴史」（全30巻）を出し始めた。編者も、明らかに、新世代。今なお文庫版で出ている「世界の歴史」（全16巻）は、発刊時ベストセラーになったことをおぼえている。

常に新企画を追う岩波書店は、一歩遅れたとはいえ、お得意の講座形式で「世界歴史」（全28巻）刊行をぶちあげた。

西欧中心主義的な世界史観を打ち破ったのが、一九六八年刊行開始の河出書房「世界の歴史」（全25巻・別巻1）で、先史（今西錦司執筆）と未来史（梅棹忠夫執筆）を編別に入れた構成は、今回の中央公論社版に踏襲されている。また面白いのは、樺山紘一（ルネッサンス史）と山内昌之（イスラム史）という中公の編者（三人中二人）が、岩波でも編者に加わっていることだ。歴史の書き換え、お手並み拝見といこう。

「山本七平ライブラリー」（文藝春秋・全16巻）については知っていたが、迂闊にも、池波正太郎のコレクションが出るとは気がつかなかった。しかし、発表された「完本池波正太郎大成」（全29巻・

別巻1）はどんなものだろう。こんな巻数で、読者が満足する池波の作品が収まるのだろうか。（新牛）［1・18］

41 イエロー・ページ

お読みになっただろうか。加藤典洋編『村上春樹』（荒地出版社）である。加藤は『アメリカの影』以来精力的な評論活動をおこなって、もうベテランの部類にはいるといってもいいだろう。その加藤が、見かけは軽量とはいえ、この「研究本」は、彼の著作の中で疑いもなくもっとも苦労し、手をかけた、大変な本で、この本で初めて「プロフェショナルな文芸評論家になれたような気がしている」といいきっている。

いろいろいわれながら、最新刊の短編集『レキシントンの幽霊』まで、村上春樹は最も読まれてきた作家の一人である。文壇とマスコミともほとんど交際をもたず、しかし、もたないことを丸山健二のように作家活動の強い動機にせずに、つねに淡々と歩いてきた。その村上の歩みを、ちょっと意地悪な文芸ものの批評家ならば、チャート式さながらじゃないか、ときっというであろうほどに、じつに丹念にたどって分析した労作である。

この本で、村上作品の愛読者なら、自分が作品をどの準位で読んでいるのかを計るはっきりした目安を知るチャンスをもつだろう。しかし、読んでいちばん喜んでいるのは（もちろん読んだと仮定して）、作者自身ではないだろうか。作者が作品で歩いた「意識」と「無意識」を簡明解剖してくれているからだ。文芸評論が、「芸」から「知」へと移行できた一つのサンプルがここにある。
（文知）　〔1・16〕

42　三万頁の池波全集

正月早々、どさっと原稿の束が届いた。旧知の人が書き下ろした池波正太郎論。池波の世界を、藤枝梅安の世界、鬼平の原型をなす徳山五兵衛の世界、そして最後にこの二人の男の世界に池波の世界を重ね合わせるという、贅を尽くした出来具合になっている。池波の作品を読んでいるだけでは味わえない、男の奥底にある激しい無言の叫びにひたすら的を絞り込み、その叫びを鷲摑みにして表出する力量に、感嘆しつつ拝読した。

早速、お礼かたがた街で会い、鮟鱇《あんこう》鍋をつつきつつ一献傾けた。やはりのこと講談社が新年に予告した「完本池波正太郎大成」のことが話題に出た。私も、あの膨大な作品群が全29巻・別巻1に収まるだろうか、とこの欄（1月8日）で指摘したばかりだったから、あれやこれやと議論が弾んだ。

ところが、心配ご無用、と講談社の担当編集者から丁寧な手紙が届いた。造本体裁はA判、上下二段組み、一巻約一千頁。全小説と全戯曲、およびエッセイを収録予定。だから、収量的にも満足を得るに足るものになる、と請け合ってくれた。確かに、合計三万頁、試算すると、優に九万五千枚（四〇〇字詰）を超える分量になるだろう。すごい。それに、書誌データも完備するという。かつて、同じ欄で池波の書誌はどうなっているのか、などと知ったかぶりをいった。それを含めて、

不明をここで詫びる次第だ。(頓牛)

43 通俗に徹した藤沢周平

藤沢周平が亡くなった。もっとも時代小説らしい小説を書いた作家が亡くなった、というのが私の最初の感慨だった。

時代小説と歴史小説の違いは、穿鑿するまでもなく、藤沢と司馬遼太郎を並べて見れば、一目瞭然である。司馬と隆慶一郎が歴史小説の典型を示したのに対し、池波正太郎は歴史小説と時代小説の両方を書いて、なお、時代小説の方で偉才を振るった。司馬に続いた藤沢の死で、戦後歴史・時代小説を代表する四人の巨峰が、あっという間に姿を消したことになる。

藤沢は、向井敏が藤沢全集の解説でていねいに論じたように、司馬と対比させて読まれると、その特色がより際だって見える。藤沢が、日本の小説を代表する文体の持ち主であり、信長のような「天才」を嫌い、張り扇を使わなかった、といえばわかるだろう。

一般読者から見れば、もっとはっきりするのが、司馬は大スクリーンの長編ドラマが似合い、藤沢には短編連作ドラマがぴったりだった、という点だろう。といっても、どちらも、NHKが好む、国民の作家であった。

藤沢を玄人好みに仕立て上げるような発言が少なくない。それはいい。しかし、この作家の最高の魅力は、通俗に徹したことで、多くの読者を満足させる工夫ということでは、けっして池波に負

未掲載

けてはいなかった。（俗者）

44 悪魔の思想、ルソー

［2・4］

社会主義が崩壊し、デモクラシーが勝利した、といわれる。かつて、天安門事件で自由の女神像が戦車で踏みつぶされたことをもって、デモクラシーが圧殺された、といわれた。自由の女神は、フランス革命のシンボルであり、フランス革命こそデモクラシーのモデルとみなされてきた。

しかし、フランス革命はロシア革命の原型であり、フランス革命を導いたルソーの思想こそ、マルクス、レーニンの思想につながる民主制＝従属の政治の思想の生みの親である、と断じ論証した書物が現れた。「『人権』『平等』『民主』の禍毒」という副題をもつ、中川八洋『正統の哲学　異端の思想』（徳間書店）である。

社会主義思想は姿を消したが、人権思想、平等思想、民主思想として、かつてよりも、より広く、より深く世界のすみずみまで浸透しており、日本においてその汚染がもっとも激しい、と中川は断じる。

確かに、ルソーはマルクスの、とりわけレーニンの思想拠点である。ところが、日本でも、ルソーは民主思想家とともに、自由思想家の原型とみなされ、政治や教育等の広範な分野で肯定的に評価され、敷衍されてきた。中川は、ルソーを人格破壊者、悪魔の思想の源流とみなし、これを徹底的に粉砕しないかぎり、社会主義の汚染から身を守ることができない、と論じる。まことに貴重な思考の成果がここに生まれた。（流騒）［2・22］

45　米国の教育改革

クリントン大統領が、二期目の総合政策の要に、「教育改革」を据えた。一九六〇年代、アメリカは、偉大なアメリカの再建を目指し、平等社会の実現は平等教育の実現によって、というモットーを国是として掲げた。しかし、この試みは、ものの見事に失敗した。その後、教育改革のかけ声はうんとトーンが落ちたままだった。

しかし、二十一世紀にふさわしい人材育成めざし、「教育水準を上げるための全米的改革」を推進するために、九八年度に五〇〇億ドル以上の予算が計上された。すさまじい数字といわなければならない。八歳までに読み書きができ、十二歳でインターネットが使える教育、と改革目標をすっきり掲げているのもアメリカ的でおもしろい。さらに、小学生のいる低中所得所帯と、大学一、二年生のいる所帯に対する大胆な教育減税を実施するむねを唱っている。

しかし、これは、初等教育の全国的・全員的嵩上げをねらった六〇年代の平等教育のリターンマッチの色彩が強い、したがって、非常な困難を抱え込むだろう、といわざるをえない。日本では、登校拒否を認めようというのが基調になりつつあるとき、アメリカでは、学校にすべての子供を呼び戻そう、その子らに教育を与えよう、という運動が展開されようとしているのである。（平等）

46 『北方文芸』は個人名義だった!?

［2・26］

また一つ、地方文芸の中核を担ってきた雑誌『北方文芸』が姿を消した。小説中心に三五〇号を閲したのだから、半端ではない。ここから、小説では、小檜山博、寺久保友哉、佐藤泰志、藤堂志津子たちが輩出した。まずはその健闘に拍手を送らなければならない。

中央の純文学雑誌が、つぎつぎに姿を消し、発刊されているものも膨大な赤字を織り込んでのものだ。地方誌も、大小にかかわらず、事情は同じである。しかし『北方文芸』の「終刊」は事情が異なる。収入と支出のバランスは、執筆・編集・助力者の無料活動で、この一〇年、大きく崩れていない。しかし、老齢化のため、じり貧は否めなかった。

最大の根は、沢田誠一にある。沢田は、この一〇年、なんの実質的貢献もせず、「発行者」に名のみを留めてきた。再建のため退陣を迫られて、逆に、この雑誌は沢田個人名義（商標登録）だ、君らこそクビだ、とやった。沢田は、読者、維持会員、寄付者、執筆者、編集者、編集事務員、地方自治体、等にまったく知らせず、密かに、勝手に、北海道文学運動の共同財産として育ってきた雑誌とその活動を、個人名義化していたのであった。唖然、とはこのことだ。これを知って、みな手を引いた。

沢田は、この雑誌と結びついて、長老がつぎつぎ亡くなる中、先頃、北海道文学館の理事長に

なった。文学ゴロはどこにでもいる。だが、これほどの泥棒はいまい。（酷訴）　未掲載

47「私立活計」の弁

江藤淳は、なにを書いても、その肉声が聞こえてくるような書き方をする。書きにくいことを正面から述べ、決して後には引かないぞ、という気組みを伝えようとしているからだ。その好例が、「ＳＦＣと漱石と私」（『Voice』4月号）と題された慶應義塾大学最終講義で、デービッド・ヒュームの「私の生涯」という短い「自伝」を髣髴させるような内容だ。

人は生き方について書くことはよくある。しかし、その中に欠けているのは、江藤が引いている「私立の活計」のありようである。ヒュームは、自分の仕事、とりわけ著作活動、その失敗成功、収入の推移安定を、簡潔に語った。筆だけで「私立の活計」（インディペンデンス）をはじめてえた人間の自恃がよく伝わってくる。ヒュームとは異なり、江藤は、はじめ、筆で立ち、のちに、教職と筆との二刀使いで「私立の活計」を立て、さらに、なりたくてなりたくてたまらなかった慶應教授を、定年を残して退き、いま、定年七十の大学に、移ろうというのだ。

もちろん、江藤が属した環境情報学部が、なにやら人間のアイデンティティを捨てることの方に力点を置く、オウム真理教まがいのものになるのではないのか、という母校への危惧を表明することも避けていない。この人の薬は、いつも苦い。（苦沙）　［3・18］

48　大蔵省の宣戦布告

大蔵省がいよいよ外為法改正案を今国会に上程する。金融開国とでもいうべき「ビックバン」へ動き始めた。これまで規制緩和に「総論賛成」（裏では「各論反対」）の姿勢をとってきた金融界を中心とした財界も、大蔵省が本気になったのを見て、裏では対策に大わらわ。反面、ロンドンシティーの例を引き、日本の金融機関はほとんど外国資本に買収され、ひいては、日本の経済が乗っ取られてしまう、という金切り声をあげ始めた。

事実、「投資不適格」に指定される可能性がでてきた北海道拓殖銀行や巨額損失隠しで米国から追放された大和銀行などは、国際競争に耐えられないと見て、地域中心をはっきりと打ち出した。

朝日新聞（3月8日から7回）が、競争なきところに活気なし、とビックバン「肯定」をやれば、規制緩和は万能薬ではない、覆水盆に返らず、改革には慎重に、と読売新聞（3月11日から8回）が応じている。

思い出すのは、所得倍増計画。当初は、いい話だが、できっこない、と冷笑で迎えられたが、さしたる邪魔はなかった。今度は、不良債権を抱えても「倒産」のなかった金融機関には、いい話、どころではない。大抵抗がある。しかし、日本経済は国際競争の埒外で生きることが不可能、ならば、不良銀行は助けませんよ、と大蔵省が宣戦布告しているのだ。さあどうする。（福水）　未掲載

49　大学は高次生命体たれ

東大と京大のキャンパス移転がままならないそうだ。大いに結構。別に東大や京大に思い入れはないが、郊外移転すると大学が死にますよ、と忠告したい。

郊外の環境良好なところに広いキャンパスを求めていくつかの大学が移転した。どうなった。五時もすぎると広大なキャンパスに学生の姿はない。学生は電車の中。ほとんどが都心の近くでアパート住まい。大学周辺の学生用アパートや下宿屋はがらがら。

学生は大学からまっすぐ繁華街に向かう。環境良好の大学、部屋代の安いアパートだけでは、生命力旺盛な若者をつなぎとめることはできない。合理的・機能的なだけの場所には活気がわかないからだ。

多田富雄が最新刊『生命の意味論』（新潮社）でいうように、単純な生命体から、多様化と自己組織化をへて、内部および外部環境からの情報にもとづく自己変革と拡大再生産をしてきた高次の生命システムをもつ都市が、東京なのだ。多様化も自己組織化もない、内部情報も外部情報も入らない、食べて、学んで、寝るだけの郊外キャンパスは、低次生命体にふさわしいのだ。

東京や京都の都心にあってこその大学だ。古いものと新しいものが絶対矛盾的自己同一の状態で共存している。この生命状態、やすやすと手には入らない。一度移転したら、二度とは戻れませんよ。（歌舞伎者）　［3・27］

50 特化・倒産・合併

今年に入って、都市銀行である北海道拓殖銀行（拓銀）の経営陣が、大声ではないが、中小企業の経営者を前に、「本行は北海道に特化します。道民のための銀行を第一義とします」、つまり、顧客第一主義でまいります、と語り始めた。言葉とは便利なものだ。国際競争の修羅場ではやってゆけません、ゆきません、という宣言だからだ。

案の定というべきか、三月決算期が終わるのを待たず、あたふたと、拓銀と地方銀行の北海道銀行（道銀）が「合併」を発表した。形の上でも、都市銀行拓銀が整理され、北海道に特化してきた道銀に「吸収」合併されることになる。

つい数年前、地方銀行が「倒産」するだけでもたいへんなトピックスだった。銀行は潰れない、大蔵省が潰さない、という神話がまかり通っていたからだ。しかし、大蔵省が主導してきた金融界の護送船団方式を、国際競争と莫大な不良債権という前門の虎後門の狼を前に、大蔵省が自らの手でストップさせたのだ。

現在、都市銀行が潰れる、という事実を突きつけられても、利用者は平然と受け止めている。基本にあるのは、規制緩和にたいする意識の急速な変化である。

規制緩和は万能ではない、などという遁辞があいかわらずまかり通っている反面、やってくる困難は突破するしかない、という健康な意識が戻ってきた。（拓民）［4・15］

＊拓銀と道銀（第一地方銀行）の合併は、道銀の拒否で壊れ、拓銀はあたふたと北洋銀行（第二地方銀行）に吸収合併され、姿を消した。

51 「引用符」のない文章

学術論文などを典型に、自説を権威づけるために引用符で飾る体のものが後を絶たなかった。そのため、筆者がどう考えているのか、ちっともわからない文章が多かった。ここ十年、そういう文章が目立って少なくなった。すっきりした。ところが、逆に気になりだしたことがある。まるまる他人の説を引き写しながら、自説であるかのように堂々と押し出す文があまりにも多すぎることだ。もっと困るのは、書いた本人が、自説は他者の論を借りたものだ、という自覚がまるでない書き方をしていることだ。

例えば、池宮彰一郎は、司馬遼太郎の死に際して、「歴史小説について」（『季刊ピープル』96・3増刊号）という短いがじつにいい内容の追悼文を書いている。「日本の小説には定式が作られた。明治のころ坪内逍遙が『小説神髄』で、『小説の主脳は人情なり、世態風俗これに次ぐ』と断言した。』」司馬は、この情緒物語＝小説観をうち破り、小説はどう書いてもいいのだ、を見事に実践した、と。

その通りだが、池宮の短文はこれを含めて、谷沢永一『司馬遼太郎の贈り物』（ＰＨＰ研究所）からの借り物。（ただし、逍遥の小説「定義」は世界初であった、という注が必要だが。）借り物が悪

いわけではない。コピーならそうとわかる書き方をするのが物書きの礼儀というものだろう。（模者）［4・19］

52　知の巨人の集成

廣松渉が、一九九四年、六十歳で夭折して、三年が経過しつつある。戦後日本哲学の水準を、一気に世界のトップにまで、単独行で押し上げたその知的巨人の全容が、『廣松渉著作集』（岩波書店・全16巻）の順調な刊行によって、明らかになりつつある。

廣松の著作は、刊行されたもののほとんどが絶版になっておらず、また、おびただしい数の雑誌等で掲載された主要論文、エッセー、対談等が、『廣松コレクション』（情況出版社・全6巻）にまとめられ、参照可能な状態にある。

おそらく、現代の知的最前線のすべての領野を渉猟し、それを独自の関係軸（四肢構造・事的世界観等）に絞り上げ、その精髄を凝縮された哲学体系にまとめ上げようとした廣松の欲望と業績の大きさを抜くものは、今後とも現れない、と断じてもよかろう。

廣松は、新しい分野に哲学知の鍬を入れただけではない。吐き出しては訂正し、訂正しては吐き出すという、過去の自分の行跡に十分な配慮と責任を持って当たった知的倫理の人でもある。

廣松の現代知に浸透しつつはかった哲学史上の試みは、一言でいえば、マルクスのヘーゲル的改作であった。もっと適切にいえば、マルクスの哲学的百科全書化の試みであった。そのどの著作も、

決して噛み砕きやすいわけではないが、学知に触れようとする人間なら、けっして看過すべきものではない。（憧憬）［5・8］

53　大学新設花盛り

十八歳人口が急減している。大学進学率が五〇％を越えても、定員に満たない大学がどんどん現れる。ところが、設置基準の規制緩和で、新設大学ラッシュが続いている。

特徴的なのが、大学院の新増設と情報系学科・学部の新増設、福祉・看護系学部の新設。

大学院は高度専門知識技術社会、情報系はコンピュータ社会、福祉・看護系学部は高齢社会（65歳以上人口比率14％以上。日本は1994年に到達）のいっそうの進化による需要増をにらんでのもの。

ところが、大学院はいまでも大半が定員割れ、教員が必死に学生確保に奔走している。情報系はコンピュータ技術を駆使できる教員が、福祉・看護系は学問を教授できるほどの能力を養成した教員が、決定的に不足している。いってみれば、粗末な入れ物に粗雑な知識と技術を詰め込んだだけの代物。

それでも、新増設ラッシュは歓迎したい。競争こそ進化の母。日本の大学が、文部省から与えられた「定員枠」という護符に守られて、護送船団よろしく人材・研究教育・設備投資を怠っても、存続できるという保障がなくなるからだ。

ギルドよさらば。大学に倒産、教師に任期制、授業料にサービス度に応じた格差。良貨が悪貨を駆逐する。かくて、文部省と定員制が無用の長物となる。（小教授）［5・13］

54 裁判を受ける権利

ペルーのリマ日本大使公邸人質事件は、国家権力が圧倒的な力でテロ組織を壊滅させた。マスコミは、犯人全員の銃殺命令が事前にあり、投降の意志あるものも「処刑」された、と報じた。私の知人の編集者は、いかなる者も裁判を受ける権利がある、といってこの「蛮行」をなじった。テロ犯人は不当にも「処刑」されたという主張は成り立つ。

連続少女殺害事件の宮崎被告に、死刑の判決がでた。犯行時、正常な判断能力を持っており、責任能力がある、という精神鑑定が採用された。「異常者」なら、法の埒外にあり、裁判の範囲外にある、ということになった鑑定書が不採用になった。裁判を受ける権利が認められ、被告にとっては不当にも、死刑判決がでたわけだ。

オウム事件の麻原被告には、被告に裁判を受ける権利が与えられている、という意識がまったく見られない。法の埒外に身を置くのだ、法と法廷の法にも従う意志はない、という被告にとっては、いかなる判決も、したがって、不当である。

裁判を受ける権利（人権）によって、宮崎は死刑判決を受ける、麻原は裁かれる。裁判を受ける権利を踏みにじられて、テロは射殺された。ここには、正常と異常、法と超法の境界線いかんという、人権上原理的に難しい、解決されていない、問題がある。身から出た錆だ、ですましたくなる衝動に私はつい駆られそうになる。（人工権）　［5・21］

55　不機嫌な年代

年をとると大方は不機嫌になる。ついそれを言葉で発してしまう。弾みがついて、「現在」にたいする不満を爆発させてしまう。愚痴を漏らしてしまう。これが、人間にとっての避けがたい生理なのだろう。

しかし、司馬遼太郎が老の生理にしたがったのは残念だった。いま一人とても残念な人がいる。飯田経夫である。かつて、『「豊かさ」とは何か』（1980年）で、日本と日本人の「豊かさ」を支えている活力＝自助努力を肯定的かつ説得的に論じたのが、飯田だ。エコノミストの意識を超えた、文明史家のもつ視野を展開して見事だった。

ところが、ここにきての飯田の不機嫌さである。いまの日本は「豊かさ」を通り越して、ほしいものはすでにほとんど手に入れ、新たに買いたい物がなくなった、わからなくなった「飽食」の時代の悲喜劇を演じ始めた（『北海道新聞』5・11）と愚痴る。

これまでの「豊かさ」を支えた製造業を中核とする「日本的経営」の健全さを肯定し、今後もこの路線を継承すべきだ。むしろ、問題なのは、過度な危機意識にもとづく制度変革であり、それとはまったく裏腹な飽食意識である、と飯田はいう。欲望の限界を説くかに見える飯田の方が迷走し

だしたのでなければ幸いだ。（好機嫌）

56 新しい論客たちの登場

未掲載

最近、これはと思って読む本、目を通す記事や論の著者の年齢を見ると、一九五八、五九年生まれが目立って多い。最新読では、坪内祐三『ストリートワイズ』（晶文社）、永江朗『不良のための読書術』（筑摩書房）、東郷隆『そは何者』（文藝春秋）。それに、浅羽通明『大学で何を学ぶか』（幻冬舎）、宮台真司『終わりなき日常を生きろ』、中谷彰宏『面接の達人』、日垣隆『大学の冒険』等、すでに評価をえた作品をもつものもいる。

彼らは、年齢は、ニューアカデミズムを張った浅田彰よりほんの少し違うだけなのに、論の立て方、論じ方、文体、教養等、およそ共通点がない。

坪内がいっているように、この世代は、オピニオン誌よりも『ピア』等のカタログ誌から情報を得ることで育ち、成人時に、自分たちの「言葉」を発見する。七九年刊の椎名誠『さらば国分寺書店のオババ』、村上春樹『風の歌を聴け』の登場によってだ。

「全共闘世代」に対して「無共闘世代」（みうらじゅん）というにふさわしいこの世代は、もちろん、自分たちに固有な「時代」を生きるだけでなく、それに同化、反発する場合をも含めて、自分たちの境位を冷静に対象化する力を示し、「思潮」と呼びうるほどの大きさにまで成長してきた、といっていいだろう。三十代最後の年、彼らの活躍から目が離せない。（五十代）

［6・9］

57　パソコンの寿命は二年

外国には行かない、ファックスはもとより、コピー機だって動かさない、ましてやパソコンなど、というウルトラ「伝統」主義の物書きがいる。素晴らしい！　その御仁、しかし、仲間内では「パソコンなんぞ」といたく軽蔑していたものが、いったんパソコンを使いだすと万年筆と原稿用紙に戻ってくることはない、と耳打ちしてくれた。だから私は新技術を断じて手にしないのだ、というわけでもある。

数理政治学を専攻する大学院生が、旧式パソコンを使っていることに理屈をつけて、「私はあえて古い技術に固執している」と書いてきた。技術者たらんとするものは、新しい技術を拒否する権利なぞない、というのが私の返書である。

それでも、パソコンの寿命の短さはすさまじい。『日経パソコン』九七年六月二日号は、「パソコンの寿命は二年　加速化する短命化にどう対処する？」を特集している。

なに、万年筆だって、ペン先の寿命は二年ともたなかったではないか、というのが私の意見。ばんばん仕事をして、元を取ればいいじゃないか。更新常なき最新の技術とつきあって生きるのも、変化のない伝統とつきあうのと同じように、なかなかのものだ、というのが十年パソコンとつきあってきての感想である。ダメなのは、なにごとであれ、中途半端、ということなのではないだろうか。（新手一番）　〔6・17〕

58 地味な本が売れる理由

大西巨人は、巨編『神聖喜劇』（文春文庫・絶版）の「奥書き」で、三〇〇部売れたら望外の喜び、三〇〇〇部なら以て瞑すべしであるが、篋底に秘しておくことなく上梓した以上、三億、三〇億売れることを願望せざるを得ない、と記した。真情であろう。

ところで、複数の編集者から質されたことがある。「草思社の本はなぜに売れるのか。不思議である」と。そういえば、ミリオンセラーに迫った中野孝次『清貧の思想』も、まったく売れ筋の本だとは思えなかった。題名に惹かれて買った人の何人が最後まで読んだだろうか。同社刊の九七年上半期のベストセラー・ノンフィクション部門の二位と九位に入った『平気でうそをつく人たち』『女盗賊プーラン』にも、まったく同じことがいえる。

宣伝がうまい。装幀がいい。意想外の企画だ。それはあろう。しかし、そんなことなら他社だってやっている。しかも、草思社の本は、総じて地味だ。ベストセラーをねらって編集されていない。しかも、じっくり作られている（ように見える）。それでいて、うまく間合いを置いて、必ずといっていいほど一、二冊売れ筋線上にすっと名を連ねてくる。

売れる願望。それは、出版社、とりわけ編集者に強い。しかし、売れる理由は、草思社の編集者に聞いても納得いく回答は得られまい。競馬の予想以上に難しい、それでいいのだ、と割り切るしかない。（不売人）　［6・24］

59 湯水の政府R&D

うかつにも、議員立法によって「科学技術基本法」が制定（1995年）されたことを知らなかった。日本の研究開発投資は、民間主導である。政府投資を西欧並の比率にまで引き上げるために、この基本法に基づいて「科学技術基本計画」が立てられた。五年間で総額一七兆円、二十一世紀初頭までに対国内総生産比率一％を達成しようというわけ。

それでというわけで、「脳」や「バイオ」の先端的研究や技術開発に対して、かつては夢想だにできなかった額の申請がぽんぽん通るようになった。消化不良で膨満感に襲われている研究者も多数出ている。財政窮迫な折り、なんだ、等という野暮なことはいうまい。

現在、「研究開発（R&D）」等と何の痛痒もなく用いている。しかし、かつて内田義彦が『資本論の世界』（岩波新書）で指摘したように、「開発」と「搾取」は同一語からの訳語である。ディベロプではなくエクスプロイトだが。ただし、私は、「開発＝搾取」に問題あり、等といいたいのではない。逆だ。投資家にとって「搾取」という事態が、研究者にとっては「開発」を意味する、だから、搾取に値しない開発は、ビジネス世界では生存困難なのだ、ということを研究者がもっと自覚すべきだ、といいたいだけである。金をばらまいても、「搾取」に値するものを、というエートスが大学に欠けているからだ。（被搾取者）　［7・3］

60　辞典のありがたみ

年をとると、目が、足腰が、そしてなによりも、記憶力が弱くなる。勢い、辞典・事典類《レファレンスブック》のありがたみがわかるようになる。しかし、一番困るのは、活字の大きさをおくとして、辞典類が大きく重いことだ。暗がりで持ち上げたはいいが、片手で支えきれずに足の上に落としたときの痛さを何度体験したことか。

助かるのは、大型辞典類がCD－ROM化したことだ。簡単にパソコンの画面に引き出し、瞬時に検索、参照できるようになった。必要ならばコピーができる。それに、置き場所がいらなくなった。暗がりでも鮮明に読むことができる。

そのパソコンの進化、普及で、執筆、編集、出版しやすくなったせいか、小型で軽い各種辞典・事典が登場しだしたことが、なによりもうれしい。例えば、『日米慣用表現辞典』（ケリー伊藤・小学館）。これ、あの天才プロデューサー・テリー伊藤が書いたものだと、筆者名を読み違えて購入したものだが、重宝している。

しかし、なによりも助かるのは、遠い昔に、読んだ、見た、聞いた、本、映画、音楽等の題名を手近かに確認する術がないもどかしさを解消してくれるような事典の登場である。『和英・英和タイトル情報辞典』（小学館）は、英米を中心とした外国の映画・音楽・文学等のタイトルに的確なコメントをつけた、膨大な情報を収納する便利この上ない辞典だ。谷崎潤一郎の英訳作品名も、簡単

にわかる。（薄識）　　［7・23］

61　知識人改造案

「現在、世界で流通している知識・思想・学問から日本は完全に孤立している。欧米の学問水準の高さに自分たちが匹敵していると思いこんで、勝手な国内言論を振り回している。日本の文科系知識人・学者たちは恥を知るとよい。日本で本物の知識人はごく普通のサラリーマン生活を送っている人々の中に多くいる。」副島隆彦著『続・英文法の謎を解く』（ちくま新書）のあとがきの一節だ。

この本が正編に続いてベストセラーになっている理由の一端は、日本の英語教育が抱える困難を、日本の社会・国家システムと日本人、とりわけ知識人のメンタリティーが抱える根本欠陥と絡めて、正攻法で解明し、その解決法の具体案を提示していることにある。しかも、著者は予備校の現場で受験英語を教えつつ、提言し続けるのだ。

例えば、教育問題の第一は、つねに、教える側にある。教師が教える能力がないのに、どれほどシステムいじりをしても始まらない。最低三年英語圏での生活がなければ英語教師にすべきでない、と。

著者は、世界普遍価値をふまえないで、言葉の障壁を盾に日本が文化鎖国を続けるのなら、日本国と日本人に未来はない、と考えるまっとうな政治哲学者の貌をもつ論客でもある、と紹介しておこう。最新刊は『属国・日本論』（五月書房）。（属人）　　［7・29］

62　ひたくれないの齋藤史

一九七九年、村上春樹が『風の歌を聴け』で現れたとき、「なんだ、こんな小説なら私でも書ける」というような声をよく聞いた。一九八七年、俵万智の『サラダ記念日』がベストセラーになったとき、「こんな歌なら何首でも作ることができるじゃない」などといった女性によくであった。しかし、村上も俵も「発明者」である。現れてしまえば、なんだ、かもしれぬ。でも、それ以前にはなかったものだ。「なんだ、こんな」というわけにはゆかなかったのだ。

ところが、俵のを読むと、明らかに齋藤史のコピーだ、と思わざるをえなくなる。そして、大西巨人が指摘するように、前衛派と目される齋藤史の歌に、万葉の遺響を聞き取ることができる。つまり、文学の本筋は、本歌取りにあるということだ。

この齋藤史、八十八歳、現役である。七七年初版の『齋藤史全歌集』（大和書房）が、七七〜九三年までの二歌集を加えて、新装版で登場した。四七三二首収めた大冊で、別刷を含めると優に千頁を超す。そして、初版どうよう売れ行きもよく、すでに三刷になったと聞く。

なお、大西巨人『地獄変相奏鳴曲』（講談社）第四章「閉幕の思想」終章に、万葉、史、万智が並んで引かれている。テーマは「情死」。（読史）　［7・29］

63　教科書検定・闇の力

教科書検定は、家永訴訟に象徴されるように、国家権力が正しい歴史認識や学問的良心をねじ曲げるシステムである、とみなされてきた。ところが、中国や韓国の抗議に端を発した、「南京大虐殺」や「従軍慰安婦」の掲載と記述をめぐって、様相は複雑になる。文部省と検定システムを批判する勢力が、いわゆる「進歩」派から「保守」派に逆転したからだ。

しかし、教科書検定には、もう一つの「闇」の部分があった。教科書採用の実際である。採用決定の権限は、公立学校にあっては所管の教育委員会（国立・私立の学校にあっては当該学校長）に属する。教育委員会は「教科書選定委員会」に、さらに、実質上は、現場の教師から選ばれる「調査委員会」に委嘱する。ところが、この委員会に強い影響力を持つ圧力グループが「教科書検定資料」なるものを作成し、現行教科書の採点をおこなって、教科書採用に実効力を振るっている。この採点基準をパスしなければ、検定を通れども採用されずの憂き目を見るのは教科書会社。ここにもう一つの検定が存在するわけだ。

以上の経緯を暴露したのは長谷川潤「教科書採択の内幕」（『正論』97年2月号）、長谷川論文をトレースし、かつ、現行中学歴史教科書を総点検する難題に挑んだのが谷沢永一・渡部昇一『こんな「歴史」に誰がした』（クレスト社）である。教科書問題は新しい段階に進んだ、とみたい。（反利権）

［8・18］

64　公務員は量より質

行政改革会議は、八月二十一日、二二省庁を一府一二省庁に再編する案の骨子を確定した。何だ、旧体制の整理統合で、化粧直しに過ぎないではないか、という意見もある。しかし、足許に火がついた、と感じる人も多いに違いない。

この変化の行き着く先はどこか、は大いに気になるところである。SF作家の荒巻義雄は、新シリーズ『帝国の光』（幻冬舎）の①「ベンチャー2025年」で、都市（国家）は、市民＝株主、市職員＝社員、市長＝代表取締役という株式会社方式に、その都市国家《ポリス》のネットワーク連合が日本になる、という構想をぶちあげている。

今回の行革案は、民営化、あるいは、独立法人化を展望に入れつつ、終身雇用の公務員制度を温存した。しかし、荒巻のフィクションが語るまでもなく、これは、「競争なきサービス増進」という自己矛盾であり、日本の変化を阻害する最悪因子である。

かつて、銀行は国家保護の下にある、潰れない、という神話があった。しかし、銀行の業績悪化の大きさを、国家が支えきれなくなった。今まさに、リストラ対象の最大の部門が金融機関である。省庁と公務員もまた同じ運命をたどる、と見なければならない。

いちばんの問題は、官公労の労働者とその組織が、民営化、独立法人化を推進するプランを出さず、鎧で身を固めている状態である。（礼仁）　［9・2］

65　死者をむち打つ

元イギリス皇太子妃ダイアナが事故死した。全世界から、驚きと、悲しみと、哀悼の意が捧げられた。でも、まず、自業自得といおう。

離婚の遠因は、皇太子の「不倫」にある。同情を禁じえない。しかし、あなたがするなら私もする、ではまずいのじゃないか。渡辺淳一の情事小説ではないか。トレンディドラマと変わらないではないか。一国の王妃になるべきものとして、品位に欠ける、と断罪されても致し方ない。

スキャンダルを含めて、マスコミ、ミニコミの取材は限度を超えた。同情を禁じ得ない。しかし、スキャンダルはあったのである。ぼろぼろとあった。首相が指三本立てれば、辞任に追い込まれる世の中だ。大統領がチャックをおろせば、法廷に引き出されるご時世なのだ。ダイアナに同情できない原因が厳然としてある。

今回の事故もそうだ。飲酒運転手に身をあずけての取材逃れのための高速・激突死である。一私人として振る舞っていなかったのに、このざまは何だ。

私は、こういう事実をきちんと報じ、ダイアナをむち打った上で、彼女の死に哀悼の意を捧げるのを躊躇するものではない。取材の行き過ぎを非難したい。それが歴史上の人物にたいするまっとうな取り扱いだと考える。（弾左右衛門）　［9・10］

66　桑原武夫学芸賞

文学賞に数々あるように、学芸賞にも目立たないが、大小多数を数えることができる。あまり知られていないが、賞金の大きさでいえば国際的な規模の京都賞。ユニークなのが外国人の日本研究を顕彰する山片蟠桃賞。大阪府が主催し、賞の名前と内容は司馬遼太郎の発案によるそうだ。哲学には和辻哲郎賞や山崎賞がある。それに若手の研究者に目配りがいいのがサントリー学芸賞。そして、ここに新しい学芸賞が加わった。

桑原武夫学芸賞、主催は潮出版社。桑原は、人も知る京都大学人文研究所の総帥であった。そこから、国立民俗学博物館、国際日本文化研究センター等の国際学術研究機関へと開花してゆく種が蒔かれていった。手法は、学際的な共同研究。選考基準にこうある。

「一、人間認識への着眼点にみるべきものがあること　一、明晰な日本語で書かれた散文であること　一、現代人にとって意義のある、独創的な内容であること」

いかにも桑原にふさわしい「基準」ではなかろうか。つまりは、対象と内容を問わない、何でもありのユニーク性。重要なのは明晰な日本語。

ただ一寸残念なのが、選考委員が、梅原猛、河合隼雄、多田道太郎、鶴見俊輔で、あまりにも桑原に近い人ばかりという点だ。人脈も多彩多岐が桑原流ではなかったか。（第二学芸）　［9・24］

67　闇の力

第二次橋本内閣の組閣人事最大の失敗は、佐藤孝行総務庁長官を辞任に追い込んだことである。これを、佐藤ならびに、その親分である中曽根元首相に虫酸が走るほどの嫌悪感を持ちつつ、やはり、言う必要を感じる。

推理小説の手法で言えばこうなる。行政改革を曲がりなりにも推進してきた佐藤がやめて誰が喜んでいるか。

第一は、行政改革のターゲットになっている省庁と官僚である。第二に、各省庁の縦割り行政に巣くっている族議員である。その族議員の利益総体を保証している自民党執行部であり、さらに言えば、橋本首相自身である。第三に、行政改革と連動している、金融改革、規制緩和に反対ないしは消極的な企業群である。とくに公共事業や補助事業におんぶにだっこな部門である。そして、第四に、行政改革の今一つの主要なターゲットになっている公務員とそれを束ねる自治体労組であり、その労組を最後の砦としている社民党である。

たしかに、佐藤孝行は、田中角栄どうよう、ロッキード事件の刑事被告人である。有罪判決を受けもした。それは佐藤の拭いえない汚点である。人気もない。しかし、その政治力は、小型中曽根というにふさわしい胆力の持ち主であることは、誰もが認めるところではないだろうか。

行政改革を推進する闇の力を断って、議論ばかりに終始する「清潔」政治は、不倫を禁じる小説

に等しい。（闇屋）

68　文庫本戦争に望む

未掲載

第何次文庫本戦争になるのか。幻冬舎が新規参入を果たして書台を占拠すれば、角川書店が新刊大量増をはかり、角川春樹事務所もさまざまな装いを凝らして乱入する。いわば同族対決というところか。もちろん、文藝春秋、講談社、新潮社等の老舗も指をくわえてはいない。乱立、競争、大いに結構。

それでなくとも「売れ筋」中心に本をならべる書店の傾向に拍車がかかり、堅い本はますます片隅に追いやられた、と嘆く向きもあるだろう。しかし、安く簡便に読める本の出現は、大いに、大いに結構。

ただ気になることがないわけではない。各出版社が、大量一挙搬出を目指した文庫本造りの割には、これぞと思う旧刊への目配りに欠けていることだ。旧刊なんぞ読まない連中による企画ではないのか、と疑いたくなってしまう。

例えば、単行本当時あまり評判にならなかった福田蘭童『随筆　志賀先生の台所』（現代企画室）や野々村一雄『学者商売』（中央公論社、のち新評論で再刊）というような好エッセイ類の再発掘。あるいは、講談社学術文庫より、もう少し大衆的な学術文庫シリーズ。私の好みでいえば、長編推理傑作シリーズがあるのなら、長編時代小説傑作シリーズがあって当然だろう。あるいは、戦後ミリ

オンセラーシリーズの文庫本化も考えられてもいい。（文古本）　［10・13］

69 「と」の乱用

朝の民放TVワイド番組は、各局そろって、新聞の切り抜き記事を紹介し、識者が解説するスタイル。記事は、政治経済から、社会文化、芸能スポーツと多岐にわたる。出勤前のサラリーマンには、朝食をとりながら盛りだくさんの話題を提供されるのだから、何かと便利であり、草分けの朝日「やじうまワイド」をはじめなかなかの好評を得ている。

しかし、問題がある。ネタは、あくまでも新聞記事の「切り抜き」。「……と報じられている」という間接話法。聞く方は真偽のほどは分からない、という「?」マークをつけておけばいいが、書かれ、報じられた当事者たちは、どうだろう。一方的に話題提供者にさせられるケースがしばしばある。リンチまがいの悪意が透けて見える報じられ方もある。しかも、報じる側の責任はあげて、新聞記事にあるように、という姿勢に始末。

「引用」「切り抜き」は、引用・切り抜きする側にも真偽に関して責任が生じる、という暗黙の前提があって成立する。少なくとも、それが書いて公表する、取材して報じるものの職業倫理の根幹である。TVとて、この前提なしにすまされるわけではない。

TVの良さは、厳密さ、厳正さを問わない、生の威力にある。新聞の切り抜き大いに結構。しかし、「と」の乱用が虎の威を借る狐になっていないか。（キタキツネ）　［10・20］

70　文化勲章の非経済

ノーベル経済学賞は、一九六九年に増設された新参者で、基金も、ノーベル基金とは別仕立て。それゆえではないと思いたいが、ノーベル経済学賞の廃止が検討されていると聞く。大いに賛成。経済学が、学問としての有効性をほとんど発揮しえない、役に立たない、ということが共通認識となってからでもかなり長い時間がたったからだ。しかし、ことは経済学だけに限らないだろう。文学、平和部門しかりである。さらに踏み込んで、ノーベル賞自体の存在理由を議論されてしかるべき時期に至っているのではないだろうか。

ところで、十月二十一日、文化勲章受章者が発表された。毎年、文化功労者プラスアルファの中から選ばれる。ここに、理論経済学の宇沢弘文（69歳）が入っている。最適成長理論や環境経済学の最先端分野での功績を評価されてのものらしい。過去の受賞者のことは問わないとしても、日本の経済学が、その独自理論で、現実の経済現象の分析に寄与したことなどあったのであろうか。その中でも、宇沢の自動車「公害」にたいする社会費用論は、車は人類の敵だ、式に行き着く陳腐さを通り越した奇論ではなかったのだろうか。

ノーベル賞と違って、文化勲章を誰がもらおうとかまわない、とは思えない。問題は、選考いかんにある。文化に秘密主義は無用。毎年変わるといわれている一〇名の選考委員を公表し、受賞理由をぜひ明らかにしてもらいたいものだ。（半文家）　［10・27］

71　大学のマス取りゲーム

少子化で若年層が減少している。逆行するように、文部省は大学・大学院の新増設をがんがん促してきた。中村忠一『危ない大学』（三五館）は、現在偏差値四七・五以下の大学が現行のままでは二〇〇一年には偏差値三五・〇以下になり、定員割れ廃校必至、と断じている。

大学院は現在でもほとんどの大学で定員割れ状態だ。教師が学生確保にかけずり回っているという惨状なのだ。ところが文部省は、大学審議会への諮問で、現行の大学院生一七万人に対し二〇〇〇年に二〇万人、二〇一〇年に三〇万人にする構想を打ち出した。

高度知識技術時代、学年歴が延びるというのは自然の傾向だ。この数字でも、アメリカの大学院生と比して、桁違いに少ないだろう。だから、大衆大学化した学部で専門教育の教授・習得が困難だ、それ故に、大学院を、という主旨はもっともそうに見える。しかし、現行の大学院の大部分は、研究者養成機関はもとより、教育機関としても機能していない。そうするための教授能力やシステムが不在だからだ。

定員制維持をはかる文部省と、学部定員割れ状態を大学院の定員増でカバーしようという大学側の思惑はいまのところ一致している。しかし、定員集めゲームに狂じている文部省と大学に、これ以上無駄な失費をさせるべきではない。（代学狂師）　［11・8］

72　桶屋がもうかる

化石燃料の大量消費により、二酸化炭素が増え、温度が上がって地球の環境が変わった、という前提の上で、気候変動枠組み条約第三回締結会議（温暖化防止京都会議）が十二月に開かれる。CO_2排出量を一九九〇年実績以下におとそうと、その数値決定へ向けて米・欧・日が激しい議論を続けている。

ところで、暖冬が続いている。今年も暖冬のようである。もしそうなら、一一年間連続だ。暖冬になることは珍しくはない。確率でいうと、四年に一度程度はある。しかし、昨年まで続いた暖冬一〇年連続は、「四の一〇乗」年に一度ということで、天文学的数字になる。これはもはや偶然による異常気象ではない、とみなければならない。

日垣隆の最新刊『情報の技術』（朝日新聞社）は、元気象庁の予報官、根本順吉氏の言として、温度が上がったから炭酸ガスが増えたのかもしれない。海水温度が上がり、海が吸収している炭酸ガスを吐き出し、大気中に残存する炭酸ガス量が増える、と伝える。

つまり、化石燃料→二酸化炭素→温暖化→海水温度上昇→解氷→陸地消失というのは、単純思考なのだ。大気現象は、しかし、システムとして考えるべきだ、相互関係で考えなくてはダメだ、ということになる。これは、なぜ、コンピュータシステムによる長期予報は当たらないのか、ひいては、直線的な因果関係だけを見て議論する環境観にメスを入れる必要を説く、貴重なレポートだ。

（エコ半）　［11・15］

73　拓銀破綻は地方分権促進剤

あえて、地方に極を定めて書く。

この二月、都市銀行の拓銀が潰れ、地方銀行の道銀に吸収される、大いに歓迎、と書いて拓銀の行員のご機嫌をえらく損ねた。「無責任な発言だ、根拠を示せ。あくまでも合併だ」というわけ。無反省、高姿勢なのだ。

案の定、不良債権の算定、処理問題で道銀の不信を買い、しかも大名商法に改善の気配なく、「結婚」は御破算。一気に預金引き出しが生じ、その日その日の資金繰りに窮し、金融機関としての無能をさらしたまま、拓銀は百年の歴史に幕を閉じた。

北海道に君臨していたものが四つある。道庁、拓銀、道新、ホクレン。そのうち、拓銀は消失、ホクレンは半身不随、道庁は機能麻痺、道新だけがどうやら息をついでいる。

地方分権の時代という。大いに結構。しかし、政治、経済、文化でそれぞれ独占的な強さを誇り、独善に陥り、専行をほしいままにしてきた地方の「お上」が解体整理されなければ、地方分権といっても、大きなお上が退き、小さなお上、より恣意的なとっちゃん坊やが君臨するだけに終わる。

この意味で、拓銀倒産は、道民の生活にとっては当面不便でも、しかし、将来にとっては明るい徴候だ、と考えたい。（地方人）　［11・27］

74　集中と持続の強化剤

若い友人から、一つことに集中してしまったら、そこから抜け出ることができない。ならば、一つのことを一〇分以上はしないよう心がけよう、という主旨のメールをもらって、びっくりした。そして、妙に納得した。

いまの若い子は集中力がない、一つのことを一〇分以上持続することができない、という意見をいやというほど聞かされてきた。だが、どうも納得できなかった。

私がつきあっている若い人、せいぜい三十代で、一九七〇年前後以降に生まれた人たちは、総じて、集中力も、持続力も存分に持っているからだ。持続力に欠けるのは、むしろ四十代半ば以降の人たちのように思えるからだ。

一つ思い当たることがある。ずっと依然、ニューヨークで活躍していた、いまはなきジャーナリストの千葉敦子さんが、パソコンを使ってからは、一つ仕事に集中持続できるようになった、と書いていていたことをひょいと思い出したのだ。私がつきあっている若い人も、例外なく、パソコンで仕事をしている。

パソコンは、人間の思考を集中させ、持続させる機能を持っている。しかも、パソコンは、思考活動が一時中断されても、すぐまたもとの心的状態にソフトリターン可能な働きももっている。だから、私の若い友人が、私たちのような古い世代が経験しなかった、集中と持続、いってみれば、

「中毒」に悩むということに得心できるのだ。（散漫人）

［12・9］

75　ヘンな和製英語撃退法

論理性と厳密性をつねに説く副島隆彦が、「とにかく、あまりにもヘンな和製英語はできるかぎりやめるべきだ。みっともないから」という（『続・英文法の謎を解く』ちくま新書）。論理魔の副島らしく「ヘンな和製英語全廃」といわずに、「あまりにもヘンな」と限定しているところがいい。

副島も指摘するように、カタカナ語も通用してしまえばすでに立派な日本語だ、いまさらどうにもならないではないか、どうにかするというなら、中国文字から作った日本漢字すべてを点検しなければならなくなる、呉音、漢音、宋音、明音などの各時代の中国音の日本流入をどうするのか、という反論があるからだ。

それでも、「ナイター」はみっともない。「電子レンジ」では恥ずかしい。でも、無意識に使ってしまう。ただし、みっともない部分を直すのも重要だが、それにもまして、これからもぞくぞく流入してくる外来語をどうカタカナ表記するのかの対策がもっと重要だろう。

副島は、英語（外国語）発声のカタカナ表記を提唱する。ヘンな和製英語の問題は日本人の英語（外国語）音声表記法に欠陥があるから。「電子レンジ」は electric oven のことで、「イレクトリック・アヴン」と音声表記する。ならば、よほどの厚顔でもないかぎり「エレクトリック・オーブン」と表記できなくなるだろう。（和製人）

［12・11］

76　続・ヘンな和製英語撃退法

十二月十一日付の「ヘンな和製英語撃退法」で、「電子レンジ」は「イレクトリック・アヴン」と表記すべきであると書いたら、そうではない、「マイクロウェイヴ・アヴン」あるいは、たんに「マイクロウェイヴ」ではないか、という投書がきたそうだ。

問題は二つある。一つは、副島隆彦『続・英文法の謎を解く』（ちくま新書）をはしょって紹介したことにある。副島は、「『電子レンジ』というヘンな日本語をやめて electric oven で『イレクトリック・アヴン』あるいは、microwave oven『マイクロウェイヴ・アヴン』あるいは、単に『アヴン』と呼びカタカナ表記するように国民全体として表記訂正を行うべきだ。そうすることに何の支障があるというのだろう」と書いている。

第二は、副島氏に直接問い合わせたところ、日本人が英語で話し表記するときは、「イレクトリック・アヴン」で問題はないし、原音主義にもそくしている。しかし、electric oven の electric のほうが少しずつ使われなくなって、現地（英米語圏）では microwave oven が現在は最大頻用度表現なのだろう、ということだ。

まずは、副島氏にお詫びし、質問者への疑問にお答えする次第だ。

「カタカナ表記をどうする」はやっかいな問題を含み、小手先ではダメだ、と実感する。副島氏の提言を踏まえて、一度大きく新聞紙面を割いて論ずるべきだろう。（複製人）　［12・22］

77 犯罪は人間の本質だ

高村薫『レディ・ジョーカー』（毎日新聞社）が予想通り売れている。評判もいい。うれしいかぎりだ。しかし、評価が方向はずれで、どうもおかしなことになっている。

例えば、池澤夏樹（「朝日新聞」97・12・22・夕「文芸時評」）は、一昔前なら、この小説に書かれた社長誘拐と企業恐喝事件は、荒唐無稽な話しで一笑に付されただろうが、現在では日常的な現実と化しており、「それを精密《せいみつ》に書けばこのような一流の（「大衆小説」ではなく）小説になる」と言挙げし、「全体小説」を目指しているのか、と推し量っている。

例えば、井家上隆幸（『サンデー毎日』98・1・4／12）は、「その地底に凶々しいものをわだからませ増幅しながら疾走してきた［戦後五〇年の――引用者］日本の姿を、おそらくいまだ誰の記憶にも鮮やかであろう『企業テロ事件』のなかに凝縮してみせる」という。

しかし、前々作『マークスの山』も前作『照柿』も、人間は本質的に犯罪を欲望する存在である、というテーマを据えて、犯罪者（＝人間）の心理と行為を追った小説なのだ。だからすごいのである。「事件」はそれを展開する枠組みにしかすぎない（再読を忌避したいのもそのゆえだ）。ならば、「全体小説」「戦後の総括」などと括ってはかわいそうではないか。（ババぬき）　［1・6］

78 小沢一郎の逆襲?

今年最大の「政治イベント」の一つは、小沢一郎の逆襲なるか、ではなかろうか。

小沢が「普通の国」を唱った「日本改造計画」案は、与党との対決においても、党首を務めた新進党の内部でも、反古《ほご》同然の扱いを受けた。その様は、江藤淳がいうように、いちど田舎に完全に引っ込んで、日本と日本国民が小沢という政治家を必要とする、と望むときまで隠棲した方がいい、と思わせしめるほどの屈辱に見えた。

小沢は、「朝敵」の汚名をきた「南部藩」(岩手)で孤独に生きる道を採らなかったとはいえ、新進党の党首選挙でからくも勝ちを制したその直後に、自らの手で解党を断行し、少数野党に転ずる道を選んだ。孤塁の道といえよう。

小沢の基本政策は、吉本隆明がいうように、自由保守主義とでもいうべきもので、戦後憲法の枠組みと調整可能である。その政治姿勢は、谷沢永一が指摘したように、世評とは大いに異なり、めめしさが目立つ。最大の難点は、キングメーカーに徹せず、自らがキングになろうという芽を残しつつ、つねに行動していることにある。優柔なのだ。

田中角栄の唯一の失敗は、キングになったことにある。それゆえに刑事被告の席に連なった。小沢の「逆襲」は、彼がキングメーカーのみを目指すときにこそはじまる、とみたい。その日はまだ見えていない。(小小沢)　［1・14］

79　向井敏の司馬全集解説に注目

今年の出版各社の新企画は、不景気風に吹かれたのか、見るからに元気がない。新鮮味に欠ける。しかし、読書世界の節目を画すシリーズものは少なからずある。

まず諸手をあげて歓迎したいのが、昨年予告のあった「完本　池波正太郎大成」（講談社・全30巻・別巻1）がいよいよ五月から刊行開始されることだ。未刊行作品を含む全小説とエッセイ、戯曲等を収録した文字通りの「大集成」である。

さらに悦ばしいのが、「司馬遼太郎全集」第三期（文藝春秋・全18巻）の十月刊行開始予告だ。特にみものなのは、第二期の解説を書いた「司馬中毒」を自称し、「司馬文学は論じるに及ばず」と断じる谷沢永一に対して、「藤沢周平」全集の解説をものし、最終巻の「英雄ぎらい」で周平の「信長ぎらい」を論じて、司馬文学に一定の距離を置くかに見えた向井敏がどのような解説に及ぶかだ。

やはり触れずにおれないのは、四月開始の「丸山真男座談」（岩波書店・全9冊）だ。季刊「丸山真男手帖」（丸山真男手帖の会）が4号を迎え、会員数一三〇〇弱に達し、ますます丸山への関心が増しているとき、「おしゃべり」丸山の面目躍如たる座談集が刊行されるのは、当然とはいえ、うれしいかぎりだ。（毒書子）　　　　　［1・26］

80 「学者商売」

経済学者には洒脱な人が少なくない。本業でとてもいい仕事をしている日高晋、飯田経夫、竹内靖雄などは、文芸評論でも冴えた腕を披瀝している。なによりも簡明な表現で難解なことを説得的に述べることに長けている。そういえば、マルクス主義経済学者で通っていた河上肇はなにはさておき「文芸」の人であった。

野々村一雄はソビエト経済の研究家。都留重人と中学で同期、一橋大学で長く教え、定年後は千葉商科大学で教鞭をとった。この人に『学者商売』（中央公論社・1960年）がある。まだ大学教師にそうおうの「権威」があった時代、世間一般に大学教授の生態をリアルに知らしめ、教師学生に「大学教授として生きてゆくための技術」を披瀝しようとする、自他ともにたいそうはばかるテーマの本であった。

大学の教師も、現在では、普通の「職業」とさほど変わりがなくなった。この本に書かれた「研究」「商売」「生活」編は、大学教師ばかりか、学生や教師志願の人にいまこそ読んで参考になるものばかりだ。後に続編とともに新評論から新装版がでた。これも、最近はやりのなまじの「大学紹介」より面白い。この二冊が文庫本に入らないかと心待ちにしてきたが、一月、その野々村さんが死去された。残念至極なことである。（学者仲間）　［2・7］

81 思想文学者への賞

文学賞は山とある。文芸、学術賞も多種多様。あればいいと言うわけではないが、受賞すれば励みにはなるだろう。私的なものから公的なものまで、対象、権威、賞金もさまざまだ。

対象の特異さでは、外国人の手になる日本文化の研究を対象とする司馬遼太郎を審査委員長として発足した「山片蟠桃賞」（大阪府）がある。賞金の高さ（5000万円）とグローバルずくめという点ではノーベル賞並の「京都賞」（稲森財団）に目を瞠るだろう。新聞社（系）が出す朝日賞、読売文化賞、「正論」賞などは、やはりそれなりの「党派」性があって面白い。

哲学研究という地味な世界にも、今はなくなったが、若手研究者を対象にして思考の刺激をうながした山崎（正一）賞があった。もう少し範囲を広げ、地域振興の一環としても創設されたユニークなものに、和辻哲郎文化賞（姫路市）がある。和辻は、理の人であるとともに、文字通りの「文の人」であった。思想文学者である。この賞の第一〇回受賞作（2月9日発表）となったのは、文の人にふさわしい思想史家、徳永恂の『ヴェニスのゲットーにて—反ユダヤ思想への旅』（みすず書房）である。そして、和辻があるなら文人思想家、丸山真男賞があって当然だと思うが、どうだろう。（賞金王）　［2・17］

82　贔屓の引き倒し

司馬遼太郎は、小説はいかなる内容をも盛ることのできる文学形式であって、どのように書いてもいい、と主張し、実践した。これは、従来の小説観とかけ離れた「定義」だったから、通説を遵守する人たちから「司馬の小説は文学ではない」という評価がでてもいたしかたないが、小説文学の可能性を格段に高め、広げた功績は司馬に属するのだ。

ところが、本紙二月十七日夕刊で松本健一も言うように、司馬の「作品」を歴史「現実」とイコールとみなし、自由主義史観＝司馬史観と持ち上げるものや、史実を無視したまがいものだと批判する無邪気な、あるいは、無邪気さを装った論者が後を絶たないのである。司馬を「歴史学者」もどきに貶めるな、とまず言いたい。

もっと気になるのは、司馬がその晩年に、現在の日本が陥っている「病気」を批判したいくつかの言説をクローズアップさせ、それらを司馬の「文学」がいきついた結論であるかのようにみなす傾向である。年をとり、体が弱ってくると、不機嫌になり、悲観的言辞を弄し、悲憤慷慨の症状がでる、とは司馬作品の中でしばしば論じられることだ。司馬もその病から例外ではありえなかった。さらに、司馬は、一九七〇年を境とした、資本主義や社会主義を「超えた」消費資本主義、情報社会の登場の意義を認めることができなかった。この司馬の「欠陥」を「美質」として、他を見ないのは、贔屓の引き倒しだ。（良司馬）　［2・28］

83　子がそそぐ親の汚名!?

「日本は、だまし討ちをした。パール・ハーバーを忘れるな」が今もってアメリカ人の対日感情の根本にあるものだ。しかし、日本は対米最終覚書（開戦宣言文）を手交する準備を完了していたが、在米大使館の怠慢と不手際で、開戦後に遅れ、大失態を演じ、まんまとアメリカに乗ぜられた、というのが日本側の「通説」である。

井口武夫（東海大学教授）は、「今や日米両国の間に戦争状態が存在することを閣下に通告します」という幻の「開戦宣言文」の新発見を提示し、在米大使館が対米宣戦布告通知を遅らせた、という汚名をそそごうと名乗り出た（『This is 読売』97年12月号）。

それに応えるのが、加瀬英明（外交評論家）。井口が持ちだした「開戦宣言文」は、父加瀬俊一が東郷外相の命で起草したもので、正式のものではない、重要性がなかったから忘れていたが、破り捨てておけばよかった、と父の口を借りて述べ、日本外務省（本省）に「汚名」を転化しようとする井口の主張は成立しないと反論した（『諸君！』98年3月号）。加瀬に分があることは否めないが、興味深いのは、井口が、開戦当時、在米大使館参事官として総務を総括していた井口貞雄の子であり、加瀬が外相の政務秘書官兼北米課長の子であるという関係である。子が親の「汚名」をそそぐなどは昨今忘れられがちな「快挙」ではないか。（親孝行）　　［3・14］

84　テレビ時代劇

寝転がってＴＶで時代劇を見ることほど気が休まることはない、と思えるほどになったら十分に老化した証拠だそうだ。いいではないか。朝日テレビで隆慶一郎『影武者・徳川家康』が近く放映予定。すでに、ＮＨＫの大河ドラマが司馬遼太郎の『最後の将軍』を、朝日テレビが平岩弓枝の『御宿かわせみ』の新版を流しているし、フジテレビで池波正太郎の『鬼平犯科帳』が再開される。これに、藤沢周平の作品が登場すれば、いうことはない。

『影武者・徳川家康』は、隆の全作品を支える背骨部分であり、ストーリーテラーとしての素地が存分に生かされた時代小説の傑作である。ところが心配がある。関ヶ原以降の家康がいうところの「士農工商」から外れた「ささら者」の出自をもつ影武者である、という人物設定をどう表現してゆくかに映像化のキイポイントがあるように思われるが、それが実現可能とは思えないからだ。それにもう一つ、隆の作品は、どれをとっても、豪奢なのだ。どれほどひもじくとも、贅沢さに溢れている。それを出せるかだ。

黒沢明の時代劇は、とにかく豪奢だった。すぎるところがあった。ＴＶ時代劇は、テーマの大小にかかわらず、裏小路の菫草のようなものばかりになったが、ここいらでがんというのを期待したいが、無理な注文だろうな。（影無者）［3・27］

85　単独編著の事典

新機軸の辞典・事典類がぞくぞくとでる。共同執筆による編集がパソコン入力で省力化、迅速化したことも大いにあずかってのことだろう。

ところが、小成隆俊編著『日本欧米比較情報文化年表』（雄山閣）を手にしてびっくりした。単独執筆なのだ。この日欧米の情報紙誌を中心とした詳細な動静比較年表を使いこなすだけの力はないが、著者のエネルギーに感服することしきりだ。

しかし、もっとびっくりしたのは、森英俊編著『世界ミステリ作家事典【本格派篇】』（国書刊行会）である。千頁になんなんとする、作家二五〇人、作品五二〇〇冊に、各作家の全作品リスト、邦訳書誌、その他その他を満載したこの事典が、自力独行なのだ。

しかし、何より心強いのは、明解な文章と充実した内容である。日本のミステリ翻訳がアメリカ偏重になっているのを正すという心意気を、作家と作品紹介で見事にはたしている。例えば、ドロシー・セイヤーズやエリス・ピーターズの紹介は、それだけで立派な独立の作家論になりうるだけでなく、どきりとするが、なるほどとうなずかせうる評価軸を提示する。セイヤーズは「ミステリ史上最高の女流作家」、ピーターズは「戦後ミステリ史における最も重要な作家」と刻印されるのだ。請う、続編である。（未捨理）　［4・7］

86　論争は面白い

論争は、ののしりあいでも面白い。のぞき見趣味を満足させるからだ。それにしても、『諸君！』五月号は、あれもあり、これもある。

一つは、渡部昇一による秦邦彦への再反論。いわゆる「南京問題」である。ただし、論争で興味深いのは、一寸したミスだ。同誌四月号で、秦は、敵の敵は味方の論法よろしく、立花隆の証言「（渡部は）反論され、論破されてもそれがわからないから、同じことを繰り返す」を援軍に引っぱり出したが、簡単に迎撃されている。他によって自らを証する場合、よほどの用心が肝要である。

二つは、西尾幹二と西部邁の対談で、新しい歴史教科書を作る会問題。副会長の藤岡信勝の自由主義史観＝司馬史観はいただけないだの、西部に近い福田和也を会長の西尾が「坊ちゃん保守」となで切ったのはどうしてかだの、と裏舞台が透けて見えて興味津々。

三つは、谷沢永一の藤岡信勝再批判。「売名家　藤岡信勝氏の正体」で、「売文業者　谷沢永一氏の正体」にたいする懇切だが、藤岡は「歴史を探究する根本の訓練を経ないまま、歴史について根拠のない戯言を吐き散らしているのだ」とじつに厳しい。

しかし、西尾や西部が司馬に疑問あり、その司馬の尻馬に乗る谷沢に問題あり、があって、新しい歴史教科書の基本原稿を書く坂本多加雄をかつて谷沢が痛罵しているというように、渡部も含めて、教科書問題「論争」相関図はよほど慎重に描かないと、とんでもないとちりをやらかすだろう。

［4・16］

（日和見）

87 富永仲基・異聞

加藤周一の戯曲「消えた版木　富永仲基異聞」が舞台に登り、評判と聞く。早速、単行本化された。

ところで、十八世紀はじめの人富永仲基である。仲基の父は醤油屋を営む大坂の豪商。「半官立」の懐徳堂の創立スポンサーの一人で、学者でもあった。仲基はその二番目の妻の長子。早熟の天才で、史上最初の「イデオロギー批判」の方法原理を独力で編み出した。

この夭折し、危険な思想家ゆえに世上はもとより縁者からも抹殺された仲基を「見るにめさむるここちする」と評価したのが、国学イデオローグの本居宣長。再発見したのが内藤湖南。「日本の名著　18」（中央公論社）で紹介したのが加藤周一。そして、ひそかに仲基の方法を援用して「イデオロギー＝思想」批判を敢行したのが司馬遼太郎。その司馬の偉業を顕彰したのが谷沢永一。十分におもしろいリンクだ、と感じるのは私だけではないだろう。

ヘーゲル哲学とその弟子たちを「ドイツ・イデオロギー」として批判したのがマルクスだった。しかし、そのマルクス自身がイデオロギーの囚われ人だった。さらに、マルクス主義はそのイデオロギーを国家哲学に仕立て上げ、異端審問を繰り広げた。マルクス主義「衰退」後、現代日本で汎通する民主主義イデオロギーの主要な担い手の一人が加藤周一である。その加藤と仲基が激突する

思想ドラマを注目しようではないか。（井出小郎）　［4・20］

88　マルクス主義の二つの「総括」

大冊には驚かないが、いいだもも『20世紀の〈社会主義〉とは何であったか』（論創社）の厚さには仰天。一一八〇頁。重刷りになった、と聞くからさらに驚愕。

いいだは、人も知るように東大法学部で三島由紀夫と同級で、小説家、詩人としても知られている。詩だけがいい、という人もかなりいる。共産党からエコロジーまで、戦後日本の革命運動のすべての諸形態を駆け抜けた、拙速、変節をものともしない言葉の本当の意味で革命（レヴォルーション＝変動）人である。そういえば、共産党が、「細胞」を「支部」と呼び変えたとき、この人が提唱したのではなかったろうか。

いいだは、社会主義権力の発生と崩壊の過程を、有象無象の文献を矢継ぎ早に登場させながら、社会主義の世界史的役割を、理論と運動の両側面から、その甚大な災厄的側面の諸原因、諸現象とともに掘り起こそうとする。もちろん、いいだの文人としての顔も随時登場し、叙述は論文調から講談調まで、緩急自在である。

マルクス主義はまことに意気あがらない状態だが、それでも、死なない、と念じるだけではない面々による新しい仕事が出だした。その一つに、『マルクス・カテゴリー事典』（青木書店）がある。大項目主義を採ったこの事典の編集者と執筆者の顔ぶれが、一昔前なら考えられなかったような組み合わせになっている。ただし事典である。「修正」もあるが、「手堅い」が本分、という感じはいなめない。（妖怪）　　［4・23］

89　古典の翻案の傑作

世に「古典」といわれるものがあるが、しょせん現代で読まれなくなったものがほとんどで、プラトンもヘーゲルもその部類にはいる、といい放ったのが立花隆であった。古典に拝跪せよという恫喝を笑い飛ばすこの立花の言に首肯しつつ、それでもなお、プラトンもヘーゲルも、現代人が、否、現代人だからこそ参考にし、役立てることができうる卓論、卓見の数々で満ちている、といってみたいのだ。

問題は、古典がやっかいなのは、内容いかんというよりも、現代人が読みこなすことができるかどうかの言語感覚いかんにある。現代語感覚で読みうる古典の翻案が必要なのであって、古典の破棄が問題なのではない。

ちょうどよいときに、ニーチェの『ツァラトゥストラはこう言った』の翻案本が現れた。ニーチェの本は、他の思想家に比べて格段に読みやすい。それでも、現代人が邦訳を手にしてすらすらと読むのには躊躇せざるをえないだろう。宮原浩二郎『ニーチェ・賢い大人になる哲学』（PHP研究所）は、古典に後ろ向きの感情でつき合ってきた読者ばかりでなく、古典に慣れ親しんでいる読者に対しても、新鮮で魅力的な、何よりも今生きている私たちの胸奥深く迫ってくる鋭く滋味深い言葉の宝庫を提供してくれる。著者は、大蔵官僚の脱落組で、四十代の現役の社会学部の教授という変わり種というのだから、ニーチェの同類と思っていいだろう。（変種）［5・18］

90　讃・渡辺淳一文学館

アラン・ドロンが売り出し中のとき、『地下室のメロディー』でジャン・ギャバンと共演した。一見して、かつての名優もご老体そのまま。隣の若い女性客が、ギャバンがドロンを鼻であしらうたびに歯ぎしりしている様なのだ。このジジイは何だ、というのだろう。

もう二十五年になるか、金沢の文学館をのぞいたことがある。井上靖の展示物が大半を占め、室生犀星や中野重治の資料等が片隅に追いやられているのを目の前にして、やはり歯ぎしりしたことをおぼえている。歯ぎしりの方向は別で、流行作家井上ごときが何だ、というわけだ。

超売れっ子の渡辺淳一の文学館が札幌にオープンする。一〇年ほど前、一度計画倒れになったのだから、関係者にとっては感慨無量だろう。しかし、これが、旭川の三浦綾子の文学館ほどに、地元の文学愛好者には歓迎されていない。あんなものが文学なのか、という声がある。どうせ金の力によってではないのか、というやっかみがある。情欲小説の文学館なんて、ポルノ館でもあるまいし、という陰口さえある。

だが、渡辺が、井上以上の流行作家で、文壇のアラン・ドロン然としてここまできたことは間違いない。その上、中野や室生に肉薄し、ギャバン級になる可能性だってあるのだ。それに、文学も

客集めの観光資源となって悪いわけはなかろう。（失楽人）　［5・21］

91　生涯総売上十数万部

夏目漱石全集は、作家の死後も売れ続けてきた全集の唯一例外的な存在である。岩波書店を筆頭とする各出版社各様の全集や選集、単行本、新書本、文庫本の総発行部数となると、とてつもない数字になるに違いない。岩波にとってはまさにドル箱、打ち出の小槌のような存在だろう。

ところで、その漱石の約十年余にわたる作家生活で出版した単行本の総部数はというと、半藤一利が、義父で漱石の娘婿に当たる松岡譲の言だとして、十万部前後という数字をはじき出している（『続・漱石先生ぞな、もし』文春文庫）。一瞬、その少なさに驚かされるのではあるまいか。こんな部数では、印税収入もしれている。もっとも、漱石は朝日新聞のお抱え作家だったのだから、著作収入は従であったろう。

しかし、漱石生前時に出た著書は、全部で二二冊、講演集や随筆集、文学論をのぞけば、小説と小説集が一一種、一四冊だったのだから、純文学が売れない売れないと言われる今日の感覚からしても、けっして少ない数ではなかろう。まして、読者層の薄い当時としては、トップクラスの流行作家であったことは間違いあるまい。

ともかく、小説好きの家にワンセットといわれるほど漱石全集だけがよく売れる。漱石の研究書や好事本《こうずぼん》も切れ目なく出ている。この事情に納得できる説明をしてくれる御仁はいないものか。

92　松田道雄さんの雰囲気

六月一日未明、松田道雄氏が亡くなられた。八十九歳だったから、天寿をまっとうされたことになるのか。

松田さんの本の何冊かは、夫婦が別々に購入し、読んで、整理するとき、二冊あることに気がつく、ということがしばしばあった。立川文庫や探偵小説からレーニン、スターリンまで、じつに丹念に紹介した本読みとしての仕事、男性も大いに世話になった『育児の百科』をはじめとする小児科医としての仕事、古い京都の町や人に関する濃淡さまざまな香りのするエッセイ、思想史関係の仕事、どれも肩肘の張らない、専門家だけに向けた調子が少しもない、それでいてインテリ臭さが抜けないというようで、いくつもの味を持った文筆家であった。

しかし、何よりも多くの読者を惹きつけたのは、文章の力によってだったように思われる。特にどれも出だしが良かった。裏木戸を開けるように始まる普段着の出だしから、世界の歴史シリーズの一冊『ロシアの革命』のようにちょっと気取ったはじまりまで、ちょうど同じ歳の思想家清水幾太郎さんと双璧をなすようなうまさであった。

戦前から左翼運動とそれに深くかかわった人たちを身近に知る位置にいながら、一度も「実践」活動に参与されなかった松田さんが書くものの全体の雰囲気は、チェーホフ的意味のニヒリストの

ものであったといっていいのではあるまいか。（臆病者）〔6・8〕

93　日本型社会主義の源泉

七月の参議院選挙を前にして、自由民主党と社会民主（旧社会）党は協議離婚した。しかし、同棲は終わっていない。そもそも、自社連合の村山政権誕生以前も自社対立の五五年体制以降も、冷戦構造の崩壊後も冷戦構造時代も、日本の政治経済システムは、政・財・官ともに、資本主義の形はしているが、社会主義に他ならない。自由主義、資本主義を標榜している自民党の半身以上でさえ、つねに社会主義の方に足場をおいてきた「こうもり」である、と喝破したのが竹内靖雄の最新刊『「日本」の終わり』（日本経済新聞社）である。

この日本型社会主義を育成したのは、敗戦日本の管理運営に当たったマッカーサー付きのニューディーラーたちであり、現在のアメリカの民主党＝リベラル派と共和党のネオコン（新保守主義）派の合体であるグローバリストが、日本私物化路線を受け継いでいる、と断じるのは副島隆彦の最新刊『日本の危機の本質』（講談社）である。

副島は、この奇形を打破するためには、反米・独立という単純思考ではなく、「親日」の顔をして日本を騙し去勢し属国化してきたグローバリストと手を切り、独立日本への真の友となりうる共和党のリバータリアン派と手を握らなければならない、と年来の主張を嚙んで含めるように説きおこす。誰も書かなかったアメリカの政治・思想地図の詳細提示もあり、卓見続発、必見の著だ。

（本親米）〔6・15〕

94 モデル化に成功、不成功あり

ミステリーは「事件」がなければ始まらない。当然、「事件」虚構に苦心するわけで、モデル小説が頻出してもおかしくない。

原尞の処女作『そして夜は甦る』（ハヤカワ文庫）には、一目でわかる重要モデル人物が三人いる。石原慎太郎と裕次郎で、東京都知事選で大逆転劇を演じる知事と俳優という兄弟役で出てくる。そして、警視庁出身で副知事という「汚物処理」役を演じる亀井静香。役作りは無難だったが、残念なことに、配役で作品の結構がわかってしまった。

高村薫の大ベストセラー『レディ・ジョーカー』（毎日新聞社）の成功は「グリコ・森永事件」をモデルにしたことと無関係ではない。このモデルはじつにうまく小説にはまった。しかし、犯人グループや刑事たちの人物像があまりにも「異常」過ぎて、失笑を誘う部分が多々あった。

東直己の最新刊『探偵はひとりぼっち』（早川書房）には、キイパースンとして元北海道知事の横路孝弘（とその父で社会党の衆議院議員横路節雄）が登場する。北海道政界の「殿様」ぶりを虚実いりまじえて見事にあぶり出し、ぎょっとさせる。

この三冊とも、それぞれ毛色の違った探偵が活躍するハードボイルドで、政治と深く絡みあった事件を扱うという点では、一種の問題（提起）小説と言ってもいいものだろう。（冥探偵）〔6・23〕

95　書物に淫する随筆

書評にはいろいろのタイプがあっていい。しかし、書物の内法ばかりでなく、書物にまつわる作者の生き方とそれを可能にした時代の内法にまで丹念な穿鑿の手が届くような、書物随筆が少なくなったのが残念だ。いってみれば、書を論じて作者論になり、それを引き延ばして、人間論、世間論に迫りうるような類のものである。

たしかに、数の上からいえば、書物を論じる人間は多くなった。しかし、書評の媒体が増えただけで、本の解説と寸評で終わるものはまだしも、広告まがいのヨイショもの、あるいは、この本は何に使えるかという実用一点張りのものばかりでは、本が長く生きて伝える人間くささの魅力が少しも伝わらないということになる。司馬遼太郎は「人間誑《たら》し」をはやらせたが、「本誑し」とでも呼びうるような書物随筆が待ち望まれた。

ここに格好のモデルとなりうる書物随筆が飛び込んできた。しかも本が好きで好きでならない二人の対談形式で、谷沢永一・山野博史『知的生活の流儀』（ＰＨＰ研究所）である。論じられる本は三宅雪嶺『世の中』他両人が惚れに惚れ抜いた書物と作者ばかり。書題が一寸物欲しげそうだが、「人生の深め方について」という副題が利いている。あえて瑕瑾をいうなら、全編真剣勝負さながらで、ぼけとつっこみの妙味に欠けるところか。（ぼけ）　［7・8］

96　海洋史観の登場

戦後、さまざまな歴史観が登場した。

西欧中心主義の単線的進化論を説き、後進日本を主張した「唯物史観」が専制的に席巻した。対抗するのは、文明の多元的展開を論じて、日本と西欧との文明の平行進化を説く「文明の生態史観」（梅棹忠夫）。マルクス主義的社会主義が崩壊すると、進歩史観、唯物史観の終わりを宣する「歴史の終焉」論（フクヤマ）が現れた。しかし、冷戦後の世界は、階級対立、民族対立の終息には向かうが、西欧文明対非西欧文明の対立と衝突が避けがたい流れになると説く「文明の衝突」論（ハッティントン）が登場した。そして、なぜ日本は鎖国したか、ではなく、なぜ日本は鎖国をすることができたのか、という問いに答えることから逆照射して、近代はインド洋と東シナ海を中心とするアジアの海から生まれたと説く「文明の海洋史観」（川勝平太）が新規参入した。

川勝は団塊の世代に属する。「進んだ西欧、遅れたアジア」という通弊を排し、梅棹が欧日の文明の平行関係を論じたのに対し、平行関係においては同じだが、日本が脱亜・鎖国システムをとったのに対し欧は欧・アフリカ・アメリカを結ぶ開国・大西洋経済圏を樹立したという点で異なる、という。

梅棹が登場したとき、卓説に感心しながら、重箱の隅をつついて袋叩きにする、という現象が生じた。同じ愚を繰り返してはならぬ。（史観子）　［7・15］

97 「役に立つ」全集

和辻哲郎が死んだとき、全集（編集）は自分の手で仕上げられていた。全二〇巻、張りぼての感を拭ええない。和辻の義弟で万事に凝縮と簡略を旨とした林達夫「著作集」は、正味は全集で、編集者たちが相当苦労して束《つか》を高くして体裁を整えて、やっと六巻。

最近八十六歳で亡くなられた近世文学研究の泰斗中村幸彦は、天理女子学院から天理図書館司書研究員、天理大学教授と中山善正天理教真柱の側で善本蒐集につとめた。反町茂雄『天理図書館の善本稀書』が伝えるところでは、学問の範囲は広く、蒐集判断基準は「役に立つ」「役に立たない」、学術資料として「使える」「使えない」と明解で、諮《はか》られると、「よい本だと思います」「必要だと思います」「余り要らないのではないでしょうか」であった。九州大学を経て定年前に関西大学へ移られ、退職後は郷里の淡路島で倦むことなく研究を続けた。

中村さん、請われて著作集を出した。これがすごい。丸まるの書き下ろし二巻を含む新稿を加えて全一五巻、近世＝江戸期文芸の総体研究が仕上がった。名づけて「中村幸彦著述集」。全巻注文した。ところが、誰が抜き取ったのか、近世文芸研究家でなくとも垂涎の的たらざるをえない著作目録がついた最終巻が書店に届かなかった（との言い訳）。こすいというか、とんだ慧眼の士はいるものだ。（欠巻人間）　［7・25］

98　平成の是清?!

「経済再生」と唱う小渕内閣の要である大蔵大臣に、宮澤喜一が三顧の礼で迎えられた。さっそく宮澤のことを「平成の是清」と評する記者がいたと朝日新聞は伝えている。是清とは、昭和の金融恐慌を終息させたといわれてきた高橋是清のことで、宮澤も満更ではないだろう。なるほど英語が堪能なこと、首相経験者が請われて蔵相になったという点では似たところもあるが、外見だけで、英語力も経済力も、一方を麒麟とすると他方は駄馬ほども違う、というのが「実績」の示すところだ。

江藤淳の「宰相宮澤喜一論」（『大空位の時代』所収・ＰＨＰ研究所）は宮澤の政治音痴、経済音痴の来歴を、その人間形成歴にまでたどって読ませる好評論である。江藤が指摘するように、佐藤内閣が長期政権の総仕上げにと取り組んだ最重要問題に、沖縄返還交渉と日米繊維交渉があった。その繊維交渉を任されたのが経済通で通っていた宮澤で、昭和四十五年一月、通産大臣に就いた。ところが、交渉はにっちもさっちもいかず宮澤はダルマ状態。これを快刀乱麻を断つように解決したのが後任の田中角栄であった。

これはほんの一例。「クリントン政権は宮澤蔵相起用を歓迎」などと報じる向きもあるが、アメリカが日本攻撃を拡大するテコに利用するための「ブラックジョーク」でなければ、アメリカだって危ない。（驢馬）　［8・6］

99　退職編集者の「仕事」

編集者のＫＫさんから退職の挨拶状が来た。一度も仕事をしたことがなかったが、つきあってみたい編集者であった。三〇年間編集渡世で、いささか金属疲労をきたした、しばらくは休養したい、ついては現代日本の文学・思想状況を見つめ直したい、ということである。期待したい。

そういえば朝日新聞の学芸部で現代思想を中心に編集活動をおこなってきた西島建男氏がやはりこの春退職した。Ｋ氏と西島氏では、思想や文芸の興味は正反対のように見えるが、ともに現代日本の思想状況をじっくり見渡して、新しい戦略を立て直したいという同じ志向をもっているのに興味を覚える。

編集者は、六十歳前後というと、古顔である。二十代から編集稼業を続けてくると、金属疲労もでるに違いない。しかし、編集キャリアーを生かしながら、別な分野に歩を進めると、使わなかった細胞が活性化するチャンスも逆にあるだろう。

それあるか、西島氏が「処女作」のつもりで書いた最新作『戦後思想の運命』（窓社）は、思想をこととする論者とは語り口も切り口も異なる。思想潮流を一つひとつていねいにおさえる旧態然の構成に見えて、最近の類書に見られないバランスのよさがかえって新鮮な感じを抱かせる仕上がりになっている。（再生氏）　［8・15］

100 面妖がまかり通る

面妖なことがある。学術論文の価値を、研究者による引用、参照回数の多寡によって判定するという習慣が（一部に）ある。教員採用人事の応募者から提出された論文に、補助説明として、この論文は誰々によって何回引証された、と記されてあった。論文内容におかしなところがあって、指摘された引証箇所を調べてみたら、ことごとくが当論文を批判論駁している箇所であった。

家永教科書裁判で、裁判長が司馬遼太郎の言葉を引いて、家永博士を擁護するような挙に出た。面妖ではなかろうか。司馬と家永の歴史感覚は相容れないものだろう。

司馬史観の最大の問題は「明るい明治」と「暗い昭和」という単純な二項対立史観であると、中村政則がいう。しかし、明治から戦前までを「暗黒」と描き、戦後の「明」を対置させる単純な戦後教科書的二項対立史観にまったを掛けたのが司馬ではなかったのか。それに、司馬史観を単純化しても、せいぜい「明るい明治」・「暗い戦前」・「明るい戦後」・「暗いバブル以降」であろう。

政治評論家の岩見隆夫が、中村の口車に乗って、司馬の尻馬に乗る小渕首相や橋本前首相を槍玉にあげ、司馬の「罪」を問うている（『サンデー毎日』98・8・30）。これなども面妖であろう。（綿羊）

［8・24］

101　禁煙の愉しみは喫煙から

満員電車で通勤するのがいやなあまり、会社員になるのを忌避したヤワなものにとっても、「社畜」という言葉はいやだ。薄汚れた感じがする。煙草を吸わないけれど、「嫌煙権」という言葉はいただけない。どちらも一方だけに出すぎている。

最新刊、山村修『禁煙の愉しみ』（洋泉社）は、「嫌煙権」に違和感を覚える、ケの音の連なりがきたなく、耳障りである。それに「嫌煙」というのは日本語として、二字熟語として問題がある。厭人、厭世、厭戦であって、嫌人、嫌世、嫌戦とはいわない、という。禁煙を勧めて、嫌煙の感を抱かせない本書は、喫煙者にも読ませたき精神に満ちている。

なぜ禁煙するか。喫煙の快楽を知った。何度も禁煙に挑戦したが、そのつど失敗した。煙草を吸わない自分は想像不可能だ。その想像外の境地に立ってみたい、新しい自分を「発見」してみたいからだ、という。著者は、禁煙を断行することで、新しい生の楽しみを発見する。喫煙時代に見ようとしなかったもの、謡の名人に個人指導を受ける等、やろうなどと思ってもいなかったことに挑戦する自分を発見して驚くのだ。禁煙は辛い。でも愉しい。その愉しさは、実は、喫煙を愉しんだ結果であって、憎んだり、嫌った結果ではない、という。

禁煙論の白眉に出会ったような気がする。ここには柔らかで強靱な精神がある。（非喫煙）［9・7］

102 情報社会は米語人世界だ

「アメリカ帝国主義」、懐かしい言葉である。最近はマルクス主義者でもめったに使わない言葉になった。ましてや「日本帝国主義」などという言葉は歴史用語と化した。「パワーズ」（列強）時代の日本である。

しかし、現在、アメリカは政治・経済・軍事のすべてにわたって「帝国」として振る舞っている。宮澤蔵相・元首相は、ワシントンに呼びつけられ、ルービン財務長官にどやしつけられ、意気消沈のまま帰国した。すると、景気過熱のアメリカが金利を引き上げなければならない状態なのに、超低金利時代の日本がさらに短期金利の引き下げをおこなった。蔵相が財務長官と交わした「約束」の一端を履行したわけだ。

アメリカがこんなに強いのも、当たり前だの情報社会だからだ。日本人とは「日本語人」のことだ。情報・パソコン社会は、米語が支配する単一世界である。インターネット社会は米語で結ばれる。日本語ではない。この社会で主流をゆくためには「米語を話す人間」、「米人」にならなければならない。

じゃあ、そんな情報社会を拒否した方がいいのか。そんなことはできない。日本はアメリカ帝国の中で、一日本州（ステイト）として「標準語」（米語）を習得してゆく方法しかない。バイリンガルになることだ。いたしかたないが、情報社会で世界が拡がったのに、日本が稀薄になる。（情

報通）　［9・19］

103 マインドコントロール

貴乃花はあと一回優勝で、大鵬、北ノ湖、千代乃富士と肩を並べる「大横綱」に達する。一代親方の権利を獲得するわけだ。その貴乃花が親方夫妻（両親）や若ノ花（兄）に縁切り宣言まがいのことに及んだ。二子山部屋の複雑な利害関係を考慮し、相撲社会を離れていえば、発言自体に特にどうということはない。ま、そうか、だろう。しかし、貴乃花がマインドコントロールにかかっていて、それで「人間の道」を踏み誤った、家族や友人を切って捨てている、とマスコミが騒ぎ、親方夫婦が「洗脳だ」と非難する。貴乃花を背後で操る「疑惑の人」に非難が集中する。

マインドコントロールは、スポーツ選手なら普通に取り入れているトレーニング法だ。貴乃花事件は、親方（指導者）自身がするマインドコントロールに弟子（生徒）が従わなくなったとき、第三者の洗脳（邪悪なマインドコントロール）によって迷わされている、彼と手を切れ、といって非難した、というよくある事例なのだ。もちろん、貴乃花は子どもっぽい。親方の育て方のせいでもあり、閉鎖社会に暮らす相撲取りの多くが大なり小なりそうだろう。しかし、親方離れ、家族離れの一種というのが普通の見方ではないだろうか。貴乃花の異常さよりも、親方夫妻の異常さが、オウム真理教事件まがいに扱うマスコミの異常さが、元エックスジャパンのトシ問題同様、より目立つ。（非霊者）　［9・24］

104　文明孤立国家日本

一つ、規制緩和は、「世界普遍」を名のって他国に自国の原理をおしつけるアメリカ中心主義への無条件降伏にしか過ぎない。日本は日本的やり方（＝文明）で対処すればいいので、規制強化こそがいま必要なのだ。

二つ、日本は「一国家一文明」という世界に例を見ない孤立国だ。したがって、他国と文化的同盟を果たすことはできない。この国が生き延びるには、軍事や経済の利害で結びつく他ないのだ。「世界普遍」アメリカとの結合強化は、国家従属の側面をもつとしても、持続する以外にない。

三つ、日本文明の特長は、その時代の最強国から、政治、経済、文化を徹底的に学び＝真似し、それを日本独特の文法で調整、消化したことにある。日本の文明は、その意味では孤立していない。排他的なイデオロギーや宗教が根を下ろさないのも、このためである。このスタイルを堅持したい。一国一文明こそが、日本の強みなのだ。

私なりにハッチントンの「文明の衝突」の文脈を借りて、現下の国論対立を単純化するとこうなる。しかし、どれか一つに特化するのは間違いだろう。ただ、日本の歴史上の「成功」は、世界普遍から学びつつ、それをよく消化し、自己の体力と知力を強化していった時にこそ果たされたのだということは忘れたくない。（文明開家）　［10・8］

105　ＤＮＡ鑑定法を鑑定する

「ＤＮＡ鑑定で一致した。犯人はＡだ」という警察発表に対して、どういう態度をとるか。ＤＮＡ型鑑定法も、血液型鑑定法も、基本は同じである。個人をグループに分類する方法で、ＤＡＮ型が一致したからといって、犯人はＡだ、という動かし難い決め手にはならない。つまり、個人識別法としてはあくまでも相対的なのだ。ザ・セイムではなく、ワン・ノブ・ゼムでしか過ぎない。ただし、ＤＮＡ型による識別法の方が血液型による識別法より、こまかく分類できるということはある。

もっと重要なのは、ＤＮＡ鑑定法に関する情報は、大部分が研究開発情報、つまり未知、未解決なのである、ということを知っておきたい。それに、長い経験則をもつ血液型鑑定法と比較して、不確定な部分をもつ途上技術なのだ。科学捜査は必要だ。しかし、確立途上の科学・技術を頭から信じて疑わない態度は間違いだ。日本弁護士連合会人権擁護委員会編『ＤＮＡ鑑定と刑事弁護』（現代人文社）はこういう。

本書は、ＤＮＡ鑑定法を万能薬のように振り回す警察や裁判所、あるいは、その判定を鵜呑みにする法律家や世間の偏見を、科学技術の基本論理をベースにして批判的に検証した成果である。読みやすく、専門家ばかりでなく、情報社会に生きるわれわれ国民の基本文献の一つにしてもいい内容をもっている。（鑑定機）　〔10・19〕

106　万葉教教祖、犬養さんの死

学問にも教育にもさまざまなスタイルがあっていい。

一九六〇年代の大阪大学。入るのは難しかったが、出るのはやさしくなっていた。五九点では駄目、と下駄を履かせないドイツ語の教師が、工学部のクラスの学生半数に欠点を与え、問題になった。落第率をせめて三〇%以下にせよ、という「通達」や「指導」があったとかなかったとか、やかましいことだった。

出席の義務のない教室はがらがらだった。そんな中でいつも満員、履修していない学生や卒業生も混じって、熱気むんむんだったのが、犬養孝先生の「万葉」講義。

万葉の歌は読むにしくはない、というのが犬養さんの持論。万葉「節」の朗詠からはじまる。犬養さんが先導し、学生が起立して唱和する。個人主義者には近づきがたい、唱う宗教と似た「単色」の陶酔があるように見えた。

それに定期的な「万葉の旅」という課外授業がある。万葉集は他の勅撰集とは異なり、現場の生な経験をもとにしたものが多い。そこに出てくる地名は、三千カ所弱、全国に及んでいる。犬養さんは、学生団体を伴って、この地名を歩く旅を続けた。

おそらく、戦後の大学教師で、犬養さんほど多くの「弟子」をもった人はいまい。この犬養万葉教の教祖が十月三日に亡くなった。享年九十一。（一葉）　〔10・26〕

107　大学院大学教授

最近、大学教師の肩書きに、「〇×大学院大学教授」とあるのをよく見かけるようになった。かつて、大学院は学部の付属物であった。学部教授の「兼業」であった。この形はいまでも本質的には変わっていない。しかし、現在、学部と大学院の「分業」が進み、大学院専門の大学も数多く出現してきた。それで、「〇×大学院経済研究科教授」というのが増えてきたらしい。

一つは量的変化である。十月二十六日に出された大学審議会答申「二十一世紀の大学像」でも、大学院生は二〇一〇年に二五万人、その後三〇万人程度に増加すると予測している。一九九六年に一六万人余だったのだから、一年に一万人ずつの増加になる。大学院重点政策がますます速めている。

二つ目は、高度知識技術時代に対応した教育と研究の変化である。教育中心の学部と、研究中心の大学院という機能分けがどんどん進んでいるのだ。

三つ目に、大学院を社会人の再教育の場にする、という変化だ。一九九七年、修士・博士課程を合計すると五千人以上の社会人入学があった。この傾向も急上昇で加速している。

いずれも時代の趨勢から来る必須な変化だ。しかし、学部教授よりランクが上なのだ、という理由から、兼業で一コマしか授業がなくても、大学院教授と名のる御仁も現れている。教授のインフレの副産物だが、差異の時代なのだなあ！（学部教授）　［11・9］

108 面白いぞ！『中公』

十一月二日、中央公論社が読売新聞社グループに譲渡される、と発表された。そんな目で『中央公論』十二月号を読んだのか、変に新鮮である。

「短期集中連載」の「渡邉恒雄政治記者一代記」第二回がある。ご存じ読売新聞社社長のほらとも取れる貴重な証言、山積み。十一月十一日死去した「淀川長治邦画劇場」下がある。新しい証言はないが、もちろん面白い。国際派哲学者今道友信の独白「一哲学者の歩んだ道」第二回。最も示唆に富むのが斎藤兆史「英語達人伝説」第五回。新渡戸稲造、岡倉天心に次いで、いよいよ真打ち、斎藤秀三郎の登場。ドイツ語は関口存男、英語は斎藤なのだ。この連載、日本英語教育史の一面をもっている。それに網野善彦「古文書返却始末記」第六回、奥能登下。「水呑」＝貧農説を覆す古文書の「発見」談が白眉。

田原聡一郎の連載対談「この国はどこに向かうのか」第一〇回。今回の相手は曾野綾子で「日本人よ、悪しきこの状況を楽しめ」。器用すぎると進歩が止まる、などをチャッと吐く、逆説の常識家、曽野の面目躍如。最も注目すべきは大塚英志「『虚構と現実』論批判」。少年たちがテレビゲームシステムと同じスタイルで殺人を犯したと批判する論者自身が、ゲームのストーリー構成という「虚構」をモデルに少年事件という「現実」を捕捉する転倒を犯している、と鋭く批判。

「総合誌の不振」などを吹き飛ばす出来映えではなかろうか。『中公』頑張れ。（中公扇）［11・8］

109 小沢「軸」

人間は、言葉（政策）で動くよりも、人柄（空気）でより大きく動く。どんなに正しい言葉でも、誰がいったかによって、受け取り方を大いに変える。これが実情だ。しかし、人柄だけでことが運ばれると、大きなツケを支払わされることになる。理と利のある判断を失って、あわあわしたもののとりこになる。

自由党の小沢が「言葉」を強く発するたびに、集団地図に新しい画線ができた。「連」小沢と、「反」小沢に大きく割れるのだ。しかも、「連」と「反」がしばしば入れ替わる。ために、小沢は「信」のない人と見立てられてきた。

政治は数あわせである。小沢はつねに「言葉」ではなく、「数」あわせに終始してきた。多数派を形成するためには「悪魔」とでも手を握る、と批判されてきた。実際、そのように見える行動をとってきた。だが、その小沢の「言葉」によって新しい境界線ができるのだ。不思議な政治家である。

小渕首相と小沢のトップ合意で動きだした、自自連携から自自連立、さらには自自合同への流れは、「新しい」言葉をもっている。それは、小沢が自民党にいたときも、自民党を飛び出したときも抱き続けてきた言葉である。「普通の国家」とそのための戦略だ。ところが、世の印象とは反対に、小沢に欠けるのが戦術である。権謀術数であり、人たらしである。ために少数派に転落するの

である。（信人）　［11・28］

110　日本はどんどん変わっている

日本が急激に変化している。人の心もどんどん変わっている。この変化にいちばん鈍感なメディアが、やはりというのか、ＴＶの論調だ。次いで新聞、そして週刊誌、雑誌と続き、単行本が変化の基調を最もビビッドに伝えているのだから、面白い。いま手元にあるのは日下公人『どんどん変わる日本』（ＰＨＰ研究所）である。きわめて説得的だ。

日下とは別なことをいう。国立民俗学博物館が独立法人化を迫られている。他の国立美術館や博物館はもっと厳しい対応を迫られているだろう。行政改革の遅れを批判しながら、ＴＶも新聞もそんな事実を克明に伝えない。たしかに、当面、定員を削減せず、準公務員扱いをするというのだから、弥縫《びほう》策に見えるかもしれない。しかし、独立法人化である。言葉をどう使おうと「民営」化への道である。不必要かつ不採算部門は遠からず削減されてゆかざるをえない。

国立の研究所が独立法人化になって、国立大学がならない、という理由は成り立たない。不必要かつ不生産的な大学や学部等は予算の大幅カットの憂き目にあう、と覚悟しておいた方がいい。

つまり、民間で生じていることは、官間でも生じるということだ。これは推測に過ぎないが、政府は「資金」が詰まれば、郵便事業の民営化を図り、株を上場して三匹目のドジョウを狙うであろう。背に腹は代えられないからだ。（私人）　［12・12］

111　歴史も「物語」なのだ

小林よしのり『戦争論』（幻冬舎）、五〇万部突破、と「大本営」発表があった。符丁をあわせるように、三総合雑誌が十二月号で特集の砲列を敷いた。

自画自賛の祝砲を放ったのが『正論』、「戦時のプロパガンダと見紛うばかりの主張」とスカッドミサイルを飛ばしたのが『世界』、ちょっと自爆気味なのが『論座』。岩波、産経、朝日の現在のスタンスのとり具合が透けて見えて、読みごたえというよりも、眺めごたえがあった。

朝日や岩波の批判論点の中心は、小林は戦争肯定の「物語」（虚構の歴史）と「裏の物語」（虚構の自分史）を捏造した、という点にある。しかし、この批判は著者小林がすでに織り込み済みで、的外れである。

歴史は、事実に基づくものであるのは当然としても、「物語」である。「オーサー」（著者）がいる。唯一真実の歴史などは存在しない。しかし、これは客観的で「正当」な歴史が存在しない、ということではない。歴史は事実の羅列ではなく認識である。必要があろうとなかろうと、書き換えられてしかるべきである。小林の論脈や結論に欠陥があるのは事実としても、小林が生硬だが一つの歴史認識と自分史認識とを表そうとしたことは、たしかだ、というのが私の見立てである。（認識者）

［12・12］

112 「国際法」という凶器

「戦争」の場合、勝者が敗者を裁く、それが歴史の「事実」である。ニュルンベルク裁判、東京裁判、明治維新などがそれだ。「勝てば官軍」、「力が正義」である。国際軍事裁判であろうがクーデタや革命であろうが、基本は、法律がではなく、人間（勝者）が裁いたのだ。「裁判」（法）による「歴史」判断（判決）と、「認識」（科学）による「歴史」判断とは異なるのだ。その歴史の認識には、時代（時間）と地域（空間）という特殊な限定がつく。まして裁判の判断は、限定的、相対的、暫定的たらざるをえない。

ピノチェト元チリ大統領の逮捕は、歴史認識と裁判常識でともに異常である。チリのアジェンデ政権をクーデタで倒したピノチェトの軍事政権とその後の経緯の歴史評価は、正負にわたって正当に評価されていない。ましてチリの社会主義政権の「負」の部分はほとんど摘出されていない。

しかも、「敗者」が軍事法廷で裁かれるのではない。「勝者」が、「人道に対する罪」で、外国Aの判事（非当事者）の要請によって、通常は免責特権を認められてきた外国Bで逮捕され、A国で裁判にかけられるべし、ということなのだ。こんな異常が「人道」の名でまかり通ったら、国際社会は「国際法」の名の下で、逆に無秩序になるだろう。（香車）　［1・4］

113
声がかからない

大手の書籍出版編集部にいた。配置転換にあったのが六年前。それで、別会社の週刊誌の編集部に半ばスカウトされるように移った。そして、昨九八年、整理部に配置転換された。フリーになって、翻訳でもやり、片手間に出版編集でも請け負おうか、といっていた。しかし、このたびは動けなかった。どこからも、ちらっとも声がかからなかったからだ、と年賀状に書いてきた友人がいる。

本人は出版不況のせいだという。そうだろう。出版不況を理由に、各社、猛烈なリストラをしている。不況のため人員削減、賃金カットを余儀なくされた、という側面はもちろんあろう。

しかし、出版界は、バブルのあと、高賃金で水膨れの人員を抱えてやってきたのも事実である。不況に強い出版、等というセリフがまかり通った。しかし、このたびはそうはいかないらしい。出版もビジネスである。リストラなしに現況を凌ぐことは不可能に近いだろう。

ある流行作家に年末にあった。注文がこない、編集者がせっつかない、時間があるのはいいが、なんだか妙なものだ、やはり寂しい、といっていた。もっと困るのは、受け持ちの編集者が退社したのに、連絡もない、次の企画も立ちようがない、とぼやいていた。流行作家といえども、声がかからないのだ。（無声）　［1・12］

無窮器械運動を断て

司馬遼太郎には、一度つかんだ「見通し《フォアサイト》」をどんどん深め広めてゆく、演繹的思考がある。戦国末期から徳川初期までの膨大な作品群の「種」は出世作『梟の城』に全部まかれている。同時に、司馬は、「先見《フォアサイト》」を、勉強と経験を通して、どんどん訂正していった。その最たるものが、ベトナム観である。

戦争は補給が決定する。補給が断たれると、敗北が来る。日本が軍需施設を空爆によって破壊されたとき、勝敗が決まった。ところが、小国ベトナムは、ハノイもサイゴンも、他国から無料で送られてくる兵器で戦っている。大国はよくないが、もっとよくないのが、戦争の無窮運動へと自分自身を追い込んだベトナムだ。人々はベトナムの方により濃い正義があるという声援を送っているかぎり、世界中の人類が人類の名において彼らに鞭を打たないかぎり、この戦争の器械運動を終わらすことはできない。司馬は、最愛の友人に向かって、こういった（『人間の集団について』）。

他人事ではない。全日本人は、友人ならばこそ、沖縄と北海道に向かって、国からの無窮援助を頼りに生きることをやめよ、と忠告すべきだ。同じく、国立病院や美術館、博物館も、福祉や文化の名を借りずに、まず自活の策を立てるべきだ。（壮積）　［1・18］

115　確認はしたのか

十数年前になる。東洋思想家事典が出た。収録は物故者に限定されていた。ところが、まだ立派に生きている方が入っていた。しかも、死亡年の欄に、ごていねいにも「？」がついている。確認できなかった、ということだろう。だれにも誤りはある。しかし、人名事典である。死亡年を確認せずに物故者に列するなどは、とんでもない怠慢である。この方は、昨年なくなった。もちろん新聞が報じる程度には、名の通った人だった。

三一書房が労使の紛争で出版活動を停止している。残念なことだ。昨年十二月三十一日、臨時株主総会が開かれ、新しい取締役が選任され、再建の軌道に乗った、ということを知ってひとまず安堵していた。ところが、朝日、読売、毎日及び地方新聞等が、一月十四日夕刊から十五日朝刊にかけて、一月十四日、臨時株主総会が開かれ、旧経営陣が解任され、新体制が発足した、と報じた。

労使の紛争には、外部からはうかがい知ることのむずかしい事情がある。どちらに合法性や正当性がよくあるのかは、さだかに判断はできない。しかし、いっぽうの株主総会をまったく無視し、対立する株主総会のみを報じるのは、公的情報をつかさどる一般新聞のやるべきことではないだろう。もし、確認をせずに、一方の決定のみを報じたとするなら、怠慢のそしりを免れえないだろう。それとも、一方の総会決定だけが報道するに足るのだ、という根拠があるということなのだろうか。

（角人）　　未掲載

116　自分を癒す小説

小説家が十年近くも作品を発表しなかったら、文壇からは確実に忘れ去られてしまう。小説ないしは文章を書いて食べていなかったらなおのことだ。

寺久保友哉は、七六年から七七年にかけて、「陽ざかりの道」等において四回連続、芥川賞候補になったから、記憶する人もいるかもしれない。まだ三十代だった。しかし職業作家の道を選ばなかった。選ばなかった理由が別にあるのかもしれないが、本人は、自ら選んだ医業の道を捨てることはできないから、と述べていた。

それでも、寺久保は、つねに書き続けていた。森鷗外は軍医を続けながらあれだけの量のものを書いた、ということに驚いたが、寺久保もまた、保険の利かない自由診療で、外来専門の精神科診療所を開きながら、未刊の物を含めて、大量の作品を書いたのである。

鷗外には「定収入」と発表する場所が約束されていたが、寺久保にはその二つともがなかった。鷗外には門地派閥と後ろ盾があった。寺久保にはどれもなかった。もしあったとしてもこのフリーシンカーは拒絶したに違いない。

キルケゴールは、右手でキリスト教批判を、左手で聖書講話を書いた。寺久保にとって、患者の心を癒す診療と、自分の心を表出する小説とは、同じような表裏の関係にあった。最後の刊行小説となった『蕪村の風景』は、自分を癒す小説として、新境地を開いたように思える。その寺久保が、

一月二十二日未明、六十一歳でなくなった。合掌。（こころ）　〔2・4〕

117　月報に拍手

全集は、一冊一冊が厚いほどいい、と思う。便利でもある。林達夫の「著作集」全六巻は二巻本で出してもいい程度の分量である。しかし、巻数が多いと、月報等の挟み込みサービスがつくから、文句は言えないだろう。全集の成功の一つに、このサービスのできいかん、ということもかなりの比重を占めるのではないだろうか。

『完本池波正太郎大成』（講談社）は順調に刊行されている。最初に開くのが、月報の佐藤隆介の連載エッセイ。「亡師」池波のスピリットを、こんなことまでばらしていいのかなあー、と思わせるようなところまで開陳するのだから、たまらない。

一方、『司馬遼太郎全集』（文藝春秋）第三期の月報では、山野博史の連載「発掘　司馬遼太郎」を飛びつくように読む。司馬遼太郎の作品に「誠実なほめをおくった」、「批判精神にみちた感受力を示した」、「まなこある人びとの声」を紹介し、その声に司馬自身が「どんなかえしうたでこたえたか」等を、これまた誠実な山野ならではのやり方で紹介している。読む方は気楽だが、書く方にはまさに「発掘」の困難がともなうだろう。海音寺潮五郎が第一回で、源氏鶏太、今東光、藤沢桓夫《たけお》と続く。最初は見開き二頁だったが、第四回から三頁になった。これが例外的措置ではなく、編集者が、思い切って頁のスペースを広げたのなら、まさに英断の類だ、といったら大げさすぎるだろ

うか。（愚報）　　［2・15］

118　市民派哲学者の死

久野収が二月九日なくなった。八十八歳だった。小田実や鶴見俊輔というかつてのべ平連仲間、弟子の佐高信らが懇篤な追悼の言葉を各紙で書いている。私の評価は彼らと違う。

久野は「進歩的文化人」の代表選手であった。民主主義者、市民主義者を自認していた。社会主義は元来が平和勢力であり、民主主義は国防力保持と矛盾しており、市民主義は国籍を持たない、と主張した。こういう歴史的には無根拠で、現実的には有害無益な「思想」が大手を振ってまかり通った戦後論壇の大御所的存在であった。

久野の主張と違って、社会主義は史上最強の戦争勢力であり、民主主義は国家主権を維持する国防力なしには、市民主義は国家秩序のない社会では、成立不能である。これ以外の歴史事実はない。

久野は「哲学者」と称されている。どう呼ぼうと、それはいい。しかし、久野にも若干の著書はあるが、世に残る哲学業績はない。あえていえば、林達夫との対談『思想のドラマトゥルギー』（平凡社）であろうか。たしかに、対談の名手ではあった。相手の褌《ふんどし》で相撲ばかり取っていた。

久野は、「思想の仲買人」（林達夫）に対比していえば、「編集の仲買人」といってもいい人で、それを生業に思想家然としていた。こんな風に書くと一方的に誹謗しているように聞こえるが、恬《てん》として恥じずに論壇に害毒を流し続けた久野の罪ゆえなのだ。（昏徳）　　未掲載

119 全集最終巻の魔力

二月十六日、正論大賞の授賞式があった。今年の受賞者は三浦朱門で、受賞の弁は、日本の国連脱退を含む国連憲章の見直し、改廃を含む日本国憲法の見直し研究に身を捧げたい、という勇ましいものだった。だが、にこやかな三浦の口から出ると、へー、そうですか、程度にしか響かないから妙な人柄でもあり、恐ろしい人なのかもしれない。

その日の夕刻、待ち時間があったので、恵比寿駅前の古本屋に入った。一瞬足がすくみ、目が点になってしまった。『中村幸彦著述集　第十五巻』（中央公論社）があったからだ。

先年、近世文学、とりわけ小説研究の必読文献、中村幸彦著述集全巻を注文した。全巻到着と思っていたところ、後で、最終巻の十五巻目が欠けているのに気がついたのである。著作目録、著者略歴、書誌等が入っている最終巻がなければ、画竜点睛を欠くどころの騒ぎではない。最終巻だけほしい人がたくさんいるのだ。とくにこの著述集の場合なおさらだ。

それが目の前にある。しかも定価より安い。すぐに支払って店を出た。しかしこのような僥倖には落とし穴があると、迂闊《うかつ》にも気づかなかった。開いてびっくり、最終頁に近く落丁があった。しかし、内容上はどこにも欠陥がない。もちろん返品などもったいないかぎりだ。次の日、第十五巻収録、中村の研究余滴に近いエッセイを存分に堪能した。（余禄）　［2・24］

120　蛮勇の人たち

学問の第一の敵は、学内のポスト欲である。「チョウになりたがるサナギ族」が大学にごまんといる。第二の敵は、教える時間を多くすることだ。寺銭稼ぎに学外へ非常勤講師にでることなどはその最たるものだ。第三の敵は、政府委員などの公職に就くことだ。これは役人の下働きをするに等しい。第四は、家事という、世間からは目に見えない時間喰い虫とつきあうことだ。どれもこれも、学問にとってはマイナスの、エネルギーと時間の浪費である。こう渡部昇一は谷沢永一『紙つぶて（完全版）』（ＰＨＰ文庫）の解説でいう。

ごもっともである。役職などという面倒なものにつくものの気が知れない、という大学教師ほど、いったんなってしまうと、ポストにしがみつく。恋しくなる。内心では恋いこがれている。もっとも学問の敵にあえて挑戦する蛮勇の人もいる。

札幌大学の文化学部長に招かれた山口昌男が、対立候補を破って、札幌大学の学長に選ばれた。推されてというより、自ら進んでということだから、むしろ堂々とした態度と見ていいだろう。そういえば、函館に新設予定の大学の学長に擬せられていた、数学のノーベル賞といわれるフィールズ賞をえた広中平祐が、新設の方は断って、山口大学学長の二期目をつとめるそうだ。東大の蓮實学長もなかなか評判がいい。もっとも、蛮勇を奮って後は焼け野原にならないことだけを切望する。

（万人）　　　　　　　　　　　　　　　　　　　　［３・６］

121　崩壊の効用

崩壊した北海道拓殖銀行の元頭取二人が、三月三日、商法違反の特別背任容疑で逮捕された。各新聞は、この種の経済事件には珍しく、間髪をおかず、拓銀崩壊の背景を含めて「犯罪」の実相を詳しく報道した。二つの契機があったように思われる。

一つは、地元紙の北海道新聞の経済部、社会部を中心とした取材にもとづく『拓銀はなぜ消滅したか』が、逮捕直前に出版されたことだ。この本には、旧経営陣の事件と連関する言動が、実名入りで登場する。タブーを破った報道の勝利だ。

二つは、与信調査委員会の徹底した調査である。この委員会は大蔵省の業務改善命令にもとづいて、拓銀が設置した弁護士等からなる第三者機関である。この委員会が刑事告発状を提出した。第三者機関の設置と調査の勝利だ。

しかし、都銀で最初の、経営トップの不正融資による逮捕にまで至ったのは、ほかでもない拓銀が崩壊したからだ。崩壊は痛苦をともなった。大量の行員が職を失った。もっと重大だったのは、拓銀をメインバンクにする地場産業の崩壊、あるいは失速だった。ひいては北海道経済の停滞と沈没だった。

しかし、崩壊あったがゆえに徹底調査が可能だった。銀行「崩壊」による経営陣の責任糾明の方式がここにできた。そして、腐った銀行システムにもとづく企業活動がともかくも排除されうる契

機ともなろう。これも崩壊ゆえの苦い勝利といえるだろう。（第四者）［3・18］

122 「児童買春」と「児童手当」

三月十八日、新しい型の性犯罪に対処するためとして継続審議であった「児童買春等禁止法」（仮称）の修正案が、与野党合意によって今国会で成立すると報じられた。「売春」、「援助交際」、「ポルノ」と区別して、「買春《かいしゅん》」、「児童買春」、「児童ポルノ」という新概念が登場し、それぞれ処罰対象とされている。

ここで、議論のある「売春」か「買春」かについてはおくとして、「児童」は十八歳未満である、という「定義」の語感に違和感を持ったのは私だけではないだろう。なんだか、「山猫は猫である」式の、現実感覚とあまりにもずれている「定義」の仕方に感じられる。

なるほど、国連に「児童権利宣言」があり、日本に児童福祉法がある。ここで「児童」とはチャイルド（child）である。児童福祉の「児童」は十八歳未満だ。「児童」買春でいいではないか、ということになるだろう。

しかし、「中高校生は児童である」とは「定義」の上ではたとえ成り立っても、現実語としては通用し難い。「少年法」は二十歳未満を対象にしているが、さすがに「児童法」とは言っていない。「児童手当」支給は、義務教育期間まで、義務教育以前まで、と変わり、現行では、三歳未満とされている。これでは「幼児手当」だろう。新しい事態に対応する「言葉」があってしかるべきだ。

（少年買春）

［3・22］

123　ポケット・アンソロジー

かたづけものをしていて、古い段ボール箱を見つけた。四〇年ほども前に使った受験参考書が入っていて、研究社学生文庫の一冊、小西甚一『俳句』（1952年）を見つけた。読んだ覚えがある。といっても、芭蕉と子規の部分だけで、いかにも受験用というべきかもしれない。改訂新版が、現在『俳句の世界』の名で講談社学術文庫に入っている。こんなに明快でいいのかな、と思ってきたが、なんの懇切丁寧な解答が小西の著作に入っている。俳句とは何か、と外国人に聞かれる。そといっても小西さんである。存分に参考になる。

小西の旧著を見つけてうれしがっているのも、詩人の高橋睦郎が編んだ『百人一句』（中公新書・1999年）を楽しんでいるからだ。

『百人一首』（藤原定家）がある。和歌百首のアンソロジーで、「百人秀歌」というべきものだろう。ならば、新古今集までは「百人一首」でいいが、それ以降は「百人一句」というかたちが望ましい、と高橋はいう。なるほどと思う。しかし、何度か「百人一句」は試みられたが、通時的とは言い難く、「百人一首」のごとくには定着しなかった。それで、高橋が、と名乗り出た。新しいアンソロジーは楽しい。選び方、並べ方が違うと、おもしろさも違う。毛色の違ったアンソロジー、大西巨人『春秋の花』（光文社文庫）も出た。いずれもポケットに忍ばせたきものだ。（秋歌）

［4・7］

124 雑文、雑学、雑哲

言葉はどんなに無表情に用いても、他者との差異を通した自己規定である。この点の自覚がまるでなかったり、稀薄だったりすると、当の言葉が支えを失って浮遊してしまう。

六〇年代のはじめ、文学部は、哲史文、つまり哲学科、史学科、文学科に分かれていた。哲学科には、たとえば、第一（独哲）、第二（仏哲）、倫理学、中哲、印哲、社会学、心理学講座等があった。また、社会学や心理学と区別して「純哲」と呼ぶならわしが広くおこなわれていた。ところが、純哲の対概念がなかつた。

空海は、自己がうちたてた体系的密教を「純密」と規定し、それ以前の非体系的な密教を「雑密《ぞうみつ》」と呼んだ。これに倣えば、純哲に対して雑哲か。

最近若い切り絵作家の個展を見て、出版記念会に出たところ、商業誌に発表した写実の勝ったもの以外にも、抽象の勝った「芸術」作品も描いている、という本人の挨拶を聞いた。ここで「芸術」に対するのは「通俗《ポップ》」か、「商業」か、わかりかねる。

純文学に対して大衆（通俗）文学、雑文学がある。論文に対して雑文がある。専門に対して雑学がある。現在、純哲に対して社会学や心理学では時代錯誤だろう。いまや、社会学部はあるが、哲学部はない。それで、俗哲（ポップな哲学）もいいが、随筆哲学、いっそのこと、雑哲がいいのではないか。むろん、雑文や雑学と同じように、積極的現代的意味をこめてだ。（雑人）　［4・19］

125　若き記念塔『えんぴつ』

早いもので、開高健が五十八歳でなくなって一〇年になる。万事に華やかだった開高だが、死後もなかなかに賑《にぎ》やかだ。全集が出た。畏友の谷沢永一、向井敏の回想記が出た。そんなに目立たないが、文庫本化も続いている。本格的な作家・作品研究はこれからだとはいえ、熱烈な開高ファンの読者と編集者にいまなお支えられているのだから、早世したなかでは最も幸せな作家の一人というべきだろう。

華やかだった開高は、また万事に早熟だった。その早熟ぶりを存分に発揮する舞台を与えたのが同人雑誌『えんぴつ』、孔版ながら一九五〇年年一月第一号からきっちりと月刊を守って五一年五月第一七号で終刊、別冊で開高の『あかでみあ　めらんこりあ』を一挙掲載した。

この雑誌を主宰したのが谷沢永一。鬼の編集長である。開高の推薦で途中参加したのが向井敏。三人とも二十歳前後の青い麦だった。しかし、開高はもとより、のちに文芸評論、書物随筆、社会時評等の多様な領域で覇を競うように活躍しだす谷沢や向井の筆法、筆力はすでにすっかりできあがっている。

少数部数の出版で、幻の雑誌といわれた『えんぴつ』が、影印本（写真版）で再刊された（関西大学出版会・上下2巻）。文学の香りばかりでなく、まれにみる友情の葛藤劇をも存分に味わうことができる貴重な文献だ。（麦芽）　［4・24］

126 反・反米的「自立」

コッポラ監督の『地獄の黙示録』のカーツ大佐のモデルは、占領下日本で帝王のごとく振る舞ったダグラス・マッカーサーであるということはかなり知られた事実だ。この将軍、親子二代にわたってフィリピンを支配し、父の策したフィリピン憲法を息子が日本に「移植」した。この将軍と部下の隠れ社会主義者であるニューディーラーたちによって、戦後日本は「武装解除」（憲法九条）され、国家としての自立を奪われたのである。

この将軍に面従腹背これつとめ、鳩山一郎、石橋湛山等の政敵を公職追放で追い落とし、戦後支配者の地位についたのが吉田茂である。この吉田の路線を継いだのが宏池会（加藤派）へと続く面々である。池田、佐藤、大平、宮澤だ。彼らは、マッカーサーを「強制召還」した米国政府へ、軍事強化は日本に革命政権を生む元凶だとつねに言い募り、裏で社会党を憲法擁護、再軍備反対へとたきつけた自社連合派だ。彼らこそ内心の反米主義者である。副島隆彦の最新刊『日本の秘密』（弓立社）はこう喝破する。

吉田ドクトリンをいまこそ払拭しなければならない、という副島の主張は重要だ。それは、「戦後憲法擁護」派はもとより、改憲派の中にさえ反米派が主流を占めるからだ。反米主義者にならずに、対米「自立」の道を模索する副島のわかりにくいが重要な問題提起と解明の努力にもっと聞き耳を立てていいのではないか。（真米）

［5・10］

127　漢字、その規制緩和

戦後、漢字は民主主義的な国語教育に反する、という理由で学校教育の中から排除かつ制限され続けてきた。漢字は一部のものたちが文化を独占するための道具である、という意見がまかり通ってきた。志賀直哉の、日本語に代えるにフランス語をもってせよ、という暴論は別としても、漢字制限こそ国民大衆（多数）の文化水準を上げる基本的要因である、と主張されてきたのである。

ところがパソコンの登場である。漢字変換ソフトの進化である。誰でもどこでも電子辞書を利用すれば、どんな難字もやすやすと書くこと、読むことができるようになった。実際、京極夏彦にしろ平野啓一郎にしろ、パソコン（ワープロ）がなければ彼らの作品は生み出されなかったのではなかろうか。

呉善花《おそんふぁ》は、韓国の学校教育から漢字を追放したことこそが韓国を駄目にした、朝鮮文化の固有性を失わせた元凶であると訴えている（『中央公論』6月号）。日本はほそぼそとであれ、学校教育の中から漢字を追放しなかった。そして、紆余曲折の形を取りながら、漢字かな文化、日本固有文化の劇的な復活を見込むことができる地点にいるのである。ところが、パソコンで書くと漢字を読めなくなる、書けなくなる、と叫んで、新しい漢字文化の到来の出鼻をくじこうとする御仁があとを絶たない。これこそ、保守にあらずして反動であろう。（把礎根）　［5・17］

128　書く都知事

芥川賞受賞作家で国政レベルの政治家になったのは石原慎太郎だけだ。その石原が日本の玄関口を抑えた。原寮《りょう》のデビュー作『そして夜は甦る』の虚構のモデルが現実の姿と化したわけだ。前知事の青島幸男も立派な作家で、奇しくも石原と同年生まれ、「人間万事塞翁が丙午」で一九八一年度上期の直木賞をとっている。でも、この人、見るからに病あがりだった。

都知事は激務である。それで「石原さん、政務の合間に小説など書かぬように」と釘を刺した人がいた。こういうのがいらぬ節介という。森鷗外は軍医総監の時も小説を書いていた。文学結社を起こした。といっても、存外かの職は閑職で、十分に書く暇はあったらしい。

私は、石原の小説は好きではない。どちらかというと嫌いな部類にはいる。しかし、石原のパワーからして、小説など書く暇はなかろう、などで終わってほしくない。都政改革をやった、が、小説をこそ書いた、でなくては男石原がすたるというものだ。

もちろん男に限らない。日本財団の会長で、今日はローマ、明日はペルーと飛び回り、週末は三浦半島で菜園と、いつ書く時間があるのかなと思うほど動き回っている曾野綾子が、一度に五冊も著書のまとめ出しをし、新しく長編小説を連載しだした。こういうのも作家魂の一つと呼んでいいのではなかろうか。（覇我）

［5・26］

129 ナボコフの文学講義

「単語や句の反復、憑かれたような語調、百パーセント陳腐な一つ一つの言葉、俗悪な街頭演説的雄弁などが、ドストエフスキーの文体を構成する諸要素の特徴である。」「ドストエフスキーの凡庸な模倣者、例えばフランスのジャーナリスト、サルトルなどは、今日でもこの傾向を続けている。」（ナボコフ『ロシア文学講義』）

こういう一句に遭遇し、あらためてドストエフスキーやサルトルをじっくり眺めてみると、彼らの作品に対して抱いていた印象はずいぶん違ったものになるに違いない。しかし、ナボコフの『ロリータ』は日本でも大いに注目されたが、ロシアやヨーロッパ文学に関する「講義」（死後編纂して出版）は、邦訳されているにもかかわらず、残念なことに、あまりに少ししか読まれてこなかった。

一八九九年生まれのナボコフは、コミュニズムによって祖国ロシアを、ナチズムによって亡命地ベルリンを追われ、パリを経てアメリカにたどり着き、コーネル大学等で文学を講じ、『ロリータ』の成功で教壇を離れ、旺盛な作家活動の後、スイスでその一生を終えた。今年は彼の百年紀に当たる。もっとも嫌悪したドストエフスキーのみならず、二流、三流の文学作品にも味わうべきものがある、という文学好きの魂に触れたい人にとって、ナボコフの文学講義はいまなお必読の書だろう。

（好文）　［6・14］

130 書評欄から無視される

つぎつぎに注目すべき内容の本を出版しているのに、ほとんど全国紙誌の書評欄に載らない一群の著者がいる。大型書店の入り口に平積みになっている本の半数が彼らの著作によって占められているのではないだろうか。もちろんよく売れている。

逆にいえば、著名にもかかわらず、全国紙誌で評されなくなったら、筆一本で立つ人間、インデペンデントになったといっていいだろう。こういう人は、とにかく大量の著作を出し続けている。年平均一〇冊以上を二〇年以上も続けている豪の者もいる。

六〇年代初頭、忍者ブームの火付け役の一人で、忍法帖で売りまくった山田風太郎は、その当時、けっして単独で書評欄に登場することはなかった。たしかに、忍者ブームの一環として山田の作品が注目され、評されることはあっても、作品それ自身の価値を云々されることはなかったのである。ところが最近、静かなる山田ブームである。しかも再刊本が書評欄にさえ登場するのだ。

それがどんなに内容の濃い本であっても、量産しかつ売れ続ける著者のものであれば、書評されない。いちいちつきあっていたら、書評欄が彼らの書物で埋められてしまうし、書評や紹介されなくたって、読者自身の目で確認され、他者の評価の助けなしに、読者の心にしっかり抱きしめられるからである。本好きが、書評欄よりベストセラーランキングに注目するゆえんだ。（ノンランカー）

［6・19］

131 文学ショウ

若き三島由紀夫が、昭和二十二年一月、文学青年仲間が太宰治と亀井勝一郎を招いた酒宴の席に出かけていって、「僕は太宰さんの小説がきらいなんです」と吐いたのはあまりにも有名な話だ。二人の直接の出会いはこのとき一度かぎりだが、戦前、太宰は日本浪漫派の同人で、三島もそこに属していた。

この六月十七日、小樽で第十回伊藤整文学賞の授賞式があった。その記念講演で、池澤夏樹が、伊藤整を好かない、と述べたそうだ。文字通りとれば、池澤は失礼だ、ということになるだろう。しかし、太宰の面前で太宰の文学を「否定」する言辞を吐くことを、三島は失礼を覚悟であえていっているのである。まあ、場違いを承知で、真剣勝負を挑むようなものだ。池澤にも同じことがいえるのではなかろうか。

北海道の六月は、梅雨がなく、九月とともに最高に気分のいいシーズンだ。それに小樽は魚が「おいしい」ときている。遠来の選考委員の作家、評論家や、文芸誌編集者たちが地元の人間をなめきって、観光旅行然としてやってくるのは仕方がない。文学賞行事は文壇政治の表舞台なのだから。しかし、その接待旅行団の振る舞いをまじめに喜んでいる地元の関係者の姿は、滑稽を通りこして、惨めでさえある。池澤が、お祝いの席で「失礼」をあえてしたのには、文学ショウの漫画色があまりにも強く出ていたからでもあったろう。（大樽）　［6・30］

132　讃！　敢闘精神

『エコノミスト』を手に取らなくなってからどれくらいになるだろうか。それで、うかつというか不勉強というべきか、巻頭言コラム「敢闘言」の存在を知らなかった。三〇〇回分、まとめて一冊になったのを熟読した。日垣隆『敢闘言 さらば偽善者たち』（太田出版）である。予想通り、「参ったなあ！」とため息がでた。

日垣の長短を問わない個人的な取材を綿密に積み重ねた上で書かれるコラム、ルポ、論文に期待を裏切られたことはなかった。本書で日垣は、立花隆は『ぼくはこんな本を読んできた』あたりから怪しくなった。いまや「知の『巨人』」などとはやされ、知的羞恥心を失った、という。そして、ようやく、立花に取って代わる四十歳の論客が現れた、と断じていいだろう。

なによりもいいのは、在野の姿勢を貫く自立精神だ。といって、反権力を盾にし正義と人権を口実に論を張る猛者風ではない。常人が日々普通に生きるマナーを実践しながら、世に流布する「常識」という「臆説妄言」を丹念に暴いてゆく。コラムの枠では難しい検証を「ダイオキシン猛毒説の虚構」と「さばかれぬ殺人者たち」の二つのエッセーでおこなっている。必読だ。

それに自己検証を忘れないことがいい。だから自説の誤謬を隠蔽する物書きや小さな権力者（例えば地方新聞や放送局）の卑小さに例外なく厳しくなる。この本を読んで、他人事ですまされる人はよほど「ゆるい」と思っていい。（感動）　［7・8］

133

思想史の「案内」

佐々木力は、丸山真男の「日本ファシズムについての卓越した分析が、はたしてマルクス主義についての背景的知識なくして提示しえたであろうか?」と問い、唯物論(反映論)とプロレタリア独裁論を否定した丸山は、ロシアマルクス主義を拒否したが、彼の「民主主義の永久革命」が「社会主義の永久革命」に限りなく近づいてゆくはずである、と述べた(『丸山真男手帖』3)。

社会主義ソ連の崩壊によって、マルクス主義とそれに同調あるいは対抗した論者たちの位置関係が大きく変わった。マルクス主義を自認しなかった丸山真男だとて例外ではない。少し下品な言い方をすれば、かつて丸山に敵対したマルクス主義者が、「隠れ」マルクス主義者である丸山真男に同調しつつ、「仮面のマルクス主義」を流布しているからだ。

こんな折り、鹿野政直『近代日本思想案内』(岩波文庫)が出た。「開国」から第二の開国、敗戦直後までをカバーしており、従来の思想史が思想のリトマス試験紙の役割りを意識していたのに対し、この本が目指すのは、なによりも思考の歴史の「素材」新提供であり、その素材の肯定面に光を当てることにある。

といっても、どれほどバランスのよいものであれ、この思想の歴史《ヒストリー》は紛れもなく作者鹿野の物語(ヒズ・ストリー)である。マルクス主義崩壊後の鹿野の新作品である。(仮面)　[7・15]

134　**人食と人体利用の間**

人間をさまざまに定義することはできる。曰く、道具を作る存在。言葉を操る存在。ところで、人間が人間を食べる、はいまなお最も強い禁忌《タブー》である。

人類の歴史には、人間が人間を食べたという無数の実例が出てくる。中国には特に顕著で、孔子の弟子の子路が敵に塩漬けにされて食されたという話が『論語』にある。日本の一青年も留学中パリで女性を殺害し食したという事件があり、当の本人がその事件を小説化して読者を驚かせた。

しかし、人間を食べるということは、どのような場合も「異常」とみなされてきた。超人的な力や生命力をえるため、餓死しないため、愛の確証のため等、どんな理由があろうとも、人間の「閾値《いきち》」を超えた行為とみなされた。

端的に言えば、食料として、人間を生産飼育したり、捕獲したりする習慣を持った人間種族がもしいたとして、そういう種族は死滅したといっていいだろう。今西錦司風にいえば、人間を食べない人間だけが現在の人間になった、といってよい。

ところが輸血や臓器移植のように、人間は治療や延命のために死体や生体を利用する。これは「人間を食べる」という行為とつながっている。医療技術の高度化が、人間の最高タブーであるモラルの壁をやすやすと乗り越えてゆく事実を看過し、技術の勝利であると単純に歓迎できるのだろうか。（血食）　［7・26］

135　ビジネスマンの読書通

知的生活＝人生論とはつまるところ読書論であろう。渡部昇一『知的生活の方法』はこの読書論の「王道」ここにありと鮮やかに印象づけた逸品である。それに小泉信三『読書論』徳富蘇峰『読書法』田中菊雄『現代読書法』森銑三・柴田宵曲『書物』がこの王道の中心を占め、いまなお文庫本で読まれ続けている。

ところが古典が権威を失した。読む価値のある本、生きるに値する人生の基準が崩壊したかの感がある。「自分探し」の人生論があいかわらず大流行なのに、歴史（過去の遺産）のなかに自分のアイデンティティを探すという発想がまったく稀薄になった。ために読書は個人にお好みの知的アクセサリー、あるいは私の仕事のための一資料に小さく位置づけられるようになった。

しかし、ようやくのこと、読書論の王道を行きながら、この熾烈なビジネス社会を生き抜くための成功術と読書を結合させる大型「新人」が『読書力』『読書通』（総合法令）という書き下ろしの二著をひっさげて登場した。ビジネス世界のまっただ中からだ。昭和二十九年生まれのハイブロー武蔵である。

この本は一言でいえば「人間通」になるための読書論だ。中心にあるのは、よき読書なしには日本人（としての私）が成功する、幸福になることはできないという燃えるような信念である。火傷しませんように。（毒射）　［8・4］

136 自死の思想と行動

フォイエルバッハは、「自殺の自由」を精神の自由の基本要素としてとらえ、自分の生のなかに不幸のみを、死のなかに幸福のみを見ざるをえなくなったとき、人は自殺を決意する、と説いた。フライ・デンカー、無神論者としてである。

大西巨人は、親の死に目にあうことさえ回避したいほどの人間（主人公）が、自死を夫婦共々に選択する「道行き」を描く自殺の精神現象論を作品化した（『地獄変相奏鳴曲』）。マルクス主義者には稀なフリー・シンカーとしてである。

江藤淳は、心身の不自由によって「自ら処決して形骸を断つ」他なしと遺言し、自死した。江藤の死について当然のように多くの人が発言している。

西部邁は「自死は精神の自然である」（『群像』9月号）で、江藤は「生きていれば頽落する、頽落したくなければ死ぬ以外にない、という限界状態」に追い込まれて、頽落を拒否し自死を選んだことを「精神の自然」として大きく肯定しつつ、江藤には自死の思想がなかった、「自死を思想として避けるものが自死を行動として選ばざるをえなかった、それが江藤氏の死に一抹の悲劇味を与えている。」と書いた。江藤追悼論としてだけでなく、江藤論、江藤自死論として傑出している。

〔8・16〕

（伝家）

137　代作・経歴詐称の件

大学院在籍中に書いた論文と大学に就職後書いた論文があまりにも違うのに驚かされた、という話を何度か聞いたことがある。指導教授の手が隅々まで入った論文、あるいは純然たるゴーストライター（代作者）のいる論文＝業績で職をえるのは、まさに業績詐称の詐欺行為である。経歴詐称もぞんがい多いらしい。経歴詐称の方はよく調査すれば事前に判明できるが、そういう調査に労を払うシステムが大学にない。論文の方は、ゴーストがばらさないかぎり、就職後もゴーストを雇うか、論文を書かなければ、ばれない。

竹中労『ルポ・ライター事始』（1981年）に、かつて『自伝』が純然たる代作本なのに、それをもって森繁久彌が日本文芸家協会会員になった、とある。代作いかんの暴露は明らかにルール違反だが、竹中にはそれをあえてしてまで森繁を撃つ理由があった。

本欄（8月17日）で、「潮」賞ノンフィクション部門（1985年度）で野村沙知代に特別賞を与えた不明を恥じる、という選考委員の本田靖春の言（『現代』9月号）を紹介している。本田は野村が経歴を詐称した上、当の受賞作を「代作」の手に任したのでは、という想像までしている。「代作」は、選考後明らかになるのが普通で、特別の場合をのぞき、それを選考委員の不明に帰すことはできまい。野村の場合もそうだろう。ところで、竹中の本には、浅香光代の自伝『女剣劇』の代作者もばらしているが、浅香vs野村問題は、ぞんがい共通根のあることなのかもしれない。

（業スト）　［8・31］

138　民間の大学格付け会社を

国立大学の独立行政法人化の動きが急になった。大学審議会は、昨秋、「長期的な視野に立って検討」という答申をして、導入は時期尚早の構えであったから、これはずいぶんの変わり様である。

文部省の原案は、先の国会で成立した「独立行政法人通則法」より、学長や教員の選考を大学（評議会と教授会）の自主性にまかせるという点で、現在の法システムと「実質的」に変化はないかもしれない。しかし、各法人の中期目標・中期計画、さらには、大学運営や研究教育に関しては、来年四月に発足する「大学評価・学位授与機構（仮称）」の評価の結果を踏まえるという形で足かせをはめ、さらに予算配分で締め上げる、という形になるようだ。

早速、東大、京大、北大をはじめ検討機関を設けたところも出ている。この動きを、大学活性化のための民営化、ビジネス化の一里塚と見るのか、地方の国立大学の「切り捨て」、基礎研究の軽視、文部省の管理強化と見るかで、評価が分かれる。

独立法人化と並んで大きいのは、第三者機関としての評価システムの発足である。この評価機構に「第三者」的性格を持たすためには、文部省の管理下にない、民間の大学格付け会社が必要だ、と思うがどうだろう。（乱久）　［9・16］

139　史観の乾湿度

史観などというものにとらわれてわざわざ自分の思考を窮屈にするのも考えものだ。しかし、史観にも流れみたいなものがあって、なかなかおもしろい。

梅棹忠夫（20年生）の「文明の生態史観」が現れたとき、当時主流であった「唯物史観」の方から絨毯《じゅうたん》爆撃さながらの批判があがった。梅棹のよき理解者であった桑原武夫は、梅棹の史観は唯物史観の凋落を決定づけるとやんわりと指摘して、梅棹を後押しした。梅棹史観を、乾燥地帯を挟んで発達した文明の発生地（第二地域）が遊牧民等の略奪と破壊によって衰退し、旧文明地域の両端にぶら下がっていた日本と西ヨーロッパ（第一地域）が、略奪や破壊を免れて進化してきた、と要約できよう。

世界史は、それ以前の政権をご破算にしたモンゴル帝国の成立から始まった。この大陸帝国の征服の外に取り残された日本と西ヨーロッパが、活路を海に求めることで海洋帝国が始まった、と岡田英弘（31年生『世界史の誕生』）は「新」史観を提唱した。

川勝平太（48年生）は、梅棹史観を受け継ぎつつ修正を要求し、陸地史観から海洋史観への転化を説いて、二十一世紀の新しい日本のグランドデザインを精力的に提唱している。

文体も発想もドライな梅棹とウエットな川勝の間に、バランスのいい岡田の史観を挟むと、たいそうふっくらとした歴史理解が可能と思うが、どうだろう。（史感）　［9・28］

140 編集の近代システム

いまでは信じがたいことのようだが、かつて学者仲間では岩波書店から著書が出たり、岩波の雑誌『世界』や『思想』に論稿が載ると、ぐんとステータスがあがるということがあった。いまやどこの出版社から出たからといって、特段の権威がつくなどということはなくなった。もっとも新潮社のように敷居の高いところはある。草思社やサンマーク出版も「著者」を選ぶ。

事実、草思社やサンマークから執筆の打診があると、どきんと胸が高鳴るそうな。意外と思うかもしれないが、ていねいに本を作るからだ。なによりも大量に売れる期待が湧くからだ。反対に、新潮社から書き下ろしの話が舞い込むと、痛し痒《かゆ》しで胸が締め付けられる思いがするそうだ。ていねいな本づくりをするが、手間暇をかける割には印税収入をあまり見込めないからである。

それに草思社やサンマークでは、著者に労力を強いる割合よりも出版社が本づくりにより多くのエネルギーをそそぐ。ところが、新潮社は文章の隅々にわたってまで著者への注文が多く、ために書き直しの連続で、著者のストレスはいやが上にも高まるそうである。

サンマーク方式がいいか、新潮方式がいいか、の問題ではない。編集の近代システムか、徒弟システムかである。（打心）

［9・29］

141　魔球戦を制するものは

政治は非情だというが、政治に情を絡ますと、わかりにくくなる。

小沢一郎の政治思想と行動（手法）とは相容れない、ではなく、その思想と行動が出る源である小沢の人間性（人格）と相容れない、信用できない、といって小沢批判の急先鋒を張ったのが、亀井静香であった。これは「情」の論理である。社会党も同じ意見を吐き、新進党政権から離脱、自社連立政権へ走った。

自社連立へと動かしたものは、「情」ではない。自社の政治思想と行動の歴史的共通利害、いわゆる五五年体制の「復活」である。だが、金融危機をはじめとする経済危機は旧権益を温存させたままの穏やかな改革を基本とする自社体制、橋本政権を結局のところ許さなかった。

この危機突破のために自民小渕政権が選んだのは「劇薬」小沢党との連立である。この連立で、党内外の政治バランスが一気に変わった。亀井は政権中枢復帰を狙って、（野中のかつての表現によれば）小沢＝「悪魔」と手を握る。ここにあるのは情ではなく、権力衝動だ。党内反対派を抑え、衆議院で安定多数を確保した小渕政権は、参議院で公明の協力を得るために「悪魔」の取引も辞さず、重要法案を次々に通してしまう。公明はもう引き返せない。

そして、お楽しみはこれからなのだ。小沢「派」と小渕派の連携と対立が始まるからだ。豪腕と真空の魔球戦である。（大リーグボール）　〔10・5〕

142 正確な言葉と柔らかい響き

政治であれ経済であれ「言葉」が重要なことは文学と変わらない。十月三日死去したソニーの盛田昭夫は、物理の徒、技術の信奉者であったが、経営者であり、政治センスもあり、そして言葉の威力を存分に駆使した人でもあった。

著書もある。『学歴無用論』（１９６６年）、『MADE IN JAPAN』（１９８７年）、『「ＮＯ」と言える日本』（１９８９年）は、時宜に適ったヒットブックであっただけでなく、世界のソニーというブランドをひっさげての堂々の正論であった。

第二次小渕内閣で留任した数少ない一人に経済企画庁長官の堺屋太一がいる。元通産官僚出身だが、政治経済評論家の第一線にいる現役ばりばりの人であるだけでなく、小説家である。いま、不況のまっただ中にいる出版界でいちばんほしがっている原稿が、堺屋のものだと聞く。政治家としての原稿でなく、小説や評論家としてのであるそうな。

この堺屋は、当然、言葉の人である。堺屋が、経済企画庁という実行型の役所ではなく、景気観測を微妙な表現で社会に伝える広告塔型の持ち場を与えられたのは、当然だったとしても、予想以上の働きをしているのではないだろうか。それに体つきも声も柔らかい。

この点、機関銃のように言葉を発するが、鉛筆型で、総じて頭ごなし、頭越しにしか聞き取れない、金属音の文人知事、石原慎太郎と好対照をなすといっていいだろう。（ヒット人）［10・13］

143 小西甚一という奇跡

一九九九年の文化功労賞が決まった。文芸畑で注目すべきはやはり小西甚一であろう。大著『日本文藝史』の本編全五巻を刊行して七年あまり、別巻（日本文学原論）の完成が待たれて久しい。本書は他に類例を見ない孤絶した学術書だ。しかし文芸に興味を持つ読者にもきわめて親しみやすく、役に立つ本である。

英語で書かれ、後に日本語に翻訳されたというのだから、大部にもかかわらず、読みやすい。それに文藝評論家特有の持ってまわった臭い台詞は皆無、すっと読めて、含蓄が深い。などと私ごときがいうのもおこがましい限りだが、なんだか、日本人にも偉いやつもおるもんだなーと、凡夫にも勇気を与えるような学問のスピリットがにじみ出ている。

小西は現役の学者としてまれにみる高齢である。若いときから物言いが明瞭で、贅言によらず、いうべきことを短く論じてきた。その言葉の勢いがいまなお失せておらず、どうしてこんなに若いのーといいたくなるほど、艶やかなのだ。

私たちは、宮崎市定（中国史）や中村幸彦（近世文学）という、最後まで香気を失わず、いうべきことを自分の文体で述べる先人をもったが、残念ながら近年二人ながら失ってしまった。広く見るにひとり小西が残った感がある。この上は、偉業完成までの健康が許されることを祈りたい。（得郎）

［11・10］

144 「男」を下げた自民

自民党というのはよほどに面の皮の厚い連中の集まりらしい。

五年前、政治資金規制法の改正があった。「会社、労働組合その他の団体の資金管理団体に対してする寄附については、この法律の施行後五年を経過した場合において、これを禁止する措置を講ずるものとする」と明記された。その代わり、政党助成法ができ、四年間助成金がすでに支払われてきたのである。自民党には毎年三百億円だ。

ところがいざ企業・団体献金禁止の実施が直前に迫ると、「延期」をいいだしたのである。他方では、経団連に百億円の献金を申し込んだというのだ。万が一そんなことが許されるなら、すでに支払われた助成金はなんだったのか、に答えてからいえといいたい。

経団連も今回は頭に来たそうだ。まるで話が違うからだ。お仲間の自由党や公明党でも容認できる話じゃない。世の中リストラリストラである。自民だけがなぜリストラできないのか。小渕丸に順風が吹きはじめたのかなと思ったら、この驕《おご》りだ。

禁欲清潔政治は、かならずしも国民にとって望ましい政治にはならない、という大人の感覚が政党助成金によって日本にも生まれる可能性ができるのかなと思ったら、自民党さんよ、これじゃドロボーとそしられても致し方ないんじゃない。あまりの反応の悪さに、さすがに「延期」をひっ下げたが、「男」を下げたもんだね。（自民倒産）　［11・24］

145　歴史の「素人」

やはり触れずばなるまい。初刷り三〇万部ともささやかれている西尾幹二の大冊『国民の歴史』である。本書はいわゆる通史ではなく問題別史とでもいうべきものだ。西尾は独文専攻で、主に思想関連の著作が多いが、本書を素人の「労作」などと侮ってはいけない。というのも「国民」の歴史は「素人」によってこそ書かれてきたからである。

本格的な英国《イングランド》通史を書いたのは、人も知るとおり、スコットランド出身のデービッド・ヒュームで、カントの「独断の夢を覚ました」経験論哲学者である。これはベストセラーになった。ヒュームの英国通史をはるかに凌駕する浩瀚で誠実な日本「通」史といえば、西尾の時代区分でいえば近代の劈頭を飾る織田信長時代からはじまる徳富蘇峰『近世日本国民史』に指を屈することができよう。本書も売れた。蘇峰も「素人」であった。

西尾は本格的な通史は一年余後に上梓されると宣言している。本書はその露払い役とでもいおうか、性格上、ある種の劇薬であるといっていい。従来の「歴史教科書」との対立を際立たせることに重点を置いているのだから、当然だろう。しかし、内容を逐一検討すれば、「世界史」はモンゴル帝国から始まった、という説等、新しい歴史学研究の成果を踏まえたもので、大きな議論を呼ぶテーマばかりだ。（告史）　［11・30］

146 買い手市場の古書

つい二月前、徳富蘇峰の『近世日本国民史』（100冊）が一五万円だった。注文したが買い逃した。それが八万五千円、あわてて注文した。春先、『伊藤整全集』（24冊）を友人から買い受けたが、その時の古書目録の値が二三万円、いま一三万五千円。この二著などは売り手市場できたと思っていたのに、こうなのだ。古書が、土地の値段ほどではないが、買い手市場になって、大暴落している。

蔵書家が頭を悩ませているのが、本の落ち着き先。丸ごと寄贈や管理を引き受けてくれる図書館や大学はほとんどない。逆に、図書館は、収納場所が無くて、どんどん本を放出しているありさまだ。ゆく当てのない本は、したがって、トラック一台いくらで、業者に引き渡される。業者も、かさばるから、値崩れを防ぐためにと、いつまでも市場に回さないままにしておくわけにもゆかない。

愛書家にとって、いまが買い時ですよ、といいたいところだが、そうもゆくまい。古書の値段はじりじり下がってきたが、ここに来て一気に値崩れしそうだからだ。

書物は知の対象である。しかし、蓄財の対象としても立派に罷り通ってきた。最近、樋口一葉の「たけくらべ」の生原稿を×千万円で落札購入したという人にあった。賢い蓄財方法だと思ったが、そうとばかりはいえないようだ。（哀書家）

［12・9］

147 「教養審」は教養を潰す

文部大臣の諮問機関である教育職員養成審議会（教養審）の答申が出た。多面的な人物評価、特に社会体験の重視、条件付き採用制度などに見られるように、基本方向は、従来の学力偏重採用を是正するという方向である。

本当にそうか。戦後、教員養成を一手に引き受けた教育大学の根本問題は、まともな学力とそれを教える技術を持った教員を養成する姿勢に欠けたことではなかろうか。それに教育システムは、知的技術的関心を持続し、それを不断に磨いてゆく姿勢をもった教師像を少しも大事にしてこなかった。そもそも教育大学の教師自身が非知的であった。

文部省が教員養成に本腰を入れようとするのなら、それにふさわしい教員養成のモデル大学を創設すべきだ。独立法人化などとケチなことはいわないで、教育大学は全部民営化したらいい。優秀だが貧しい子弟が学んだ師範学校の延長線にある必要は少しもない。

必須なのは任期制の採用と定年制の廃止だろう。定期昇給を約束された終身雇用制ほど教師に不適なシステムはない。無能のせいを忙しい、時間がない、などでぼやくことがないようにするには、能力と意欲なきものは去れ、という原則を貫くことだ。そういう原則をもった教員養成学校を文部省が一つでも作ったら、一見は百聞にしかずと、国民も納得する。教員養成の流れも変わる。（教養師）　［12・15］

148　グローバル「批判」の作法

やはりと言うべきか、当然と言うべきか、『中央公論』の装幀、「紙面」が変わり、読売調が正面に出てくるという強い予感がする。と言っても、読売調と旧中公調の区別はなんだ、と言うことになると、一つ一つの論考やコラムを読んでいても判然としない。

しかし、中公がオピニオン誌の地位を維持してゆこうとするならば、護憲か改憲かの議論をどのように舵取りしてゆくのかの態度を決めなければならないだろう。

現在、読売新聞の紙面にかぎっていえば、論調で目立つのはグローバリズム批判である。アメリカの「無法」を許すな、などという乱暴な言い方はないが、概してそういう意見と通底する議論にアクセントを置くような紙面作りをしているように見える。

最近、戦後アメリカのグローバリストの先兵役を務めたのがＧＨＱで、それに育てられた保守政治路線、吉田ドクトリンが自民党を呪縛してきた、という議論を読んだ。その呪縛の中心に「護憲」路線がある。

しかし、ことは簡単ではない。グローバリズムが日本システムである憲法の改正を必然とさせるからだ。問題は、護憲か改憲かでは収まらない。憲法改正を対米従属の枠内にとどめる程度にするのか、対米従属を突き破る程度に日本システムを再構築を計るかにあるからだ。日米関係は二重三

重にねじれた歴史経過をたどってきた。単線の議論こそ脆い。〔1・6〕（愚弄部）

149　野呂の「再」再評価

二〇〇〇年は、野呂栄太郎の百年紀に当たる。野呂は、北海道は石狩平野のど真ん中の開拓民の長男として生まれ、病弱にもかかわらず、苦境に負けずに、左翼理論家として頭角を現し、戦前日本共産党の最後の中央委員長となり、逮捕後、一九三四年、品川署で病没。親族は「国賊」の誹りを受けた。

反転して、野呂は、戦後、輝ける共産党の委員長、革命の殉教者、日本の科学的歴史学に金字塔をうち立てた『日本資本主義発達史』の著者で、「日本資本主義発達史講座」（「講座派」理論の集大成）の企画編集の中心に立ち、「清潔な思想の使徒」（林達夫）として一生を終えた、と讃えられた。

しかし、社会主義国家が崩壊し、社会主義運動に連なった人々の再研究・評価がなされているが、三たびその人物評価を根本から変えなければならない一人が野呂である。

野呂の革命運動を端緒から終端まで「指導」したのが、二重、三重スパイと「判明」した共産党最高幹部の野坂参三である。戦前共産党の崩壊は党を破壊者の蹂躙にまかせた野呂の未熟さゆえだった。その歴史科学理論は「明治国家＝封建地主」という陳腐なテーゼを生み出し、長く日本の歴史学の発展を阻害した。思想の「清潔」さは、理論上の「師」猪俣津南雄批判で示されたように、

白を黒と言い換えて譲らないセクト主義から出ている。(解円)　［2・4］

150　開高夫人の死

開高健が逝って十年が過ぎた。石原慎太郎、江藤淳、開高、大江健三郎という順で文壇にスターとして登場し、華々しく文学で覇を競ったが、現在、石原は都知事、江藤は自死、大江はノーベル賞作家というように、文学生産という面では昔日の面影は見るべくもない。

いちばん年上の開高は、まだ生きていたとしても六十九になったばかりで、文学へのエネルギーが途絶える年というわけでもあるまいが、いつどのように亡くなろうと、エンドマークが似合う生き方をしていた。その開高夫人の牧羊子が一月に亡くなられた。

開高の葬儀で、超大弔文を読んだ司馬遼太郎が、開高の最後の作品「珠玉」の阿佐緒の原型は牧羊子に違いない、といったとき不覚にも椅子からずり落ちた。開高作品に登場する「夫人」はつねにとんがり女の典型であったからだ。

それにしても、作者の死と残った配偶者の関係は難しいものだ。残されたものは遺産相続人にとどまらず、死者の意志を代弁する役割を編集者たちによって求められるからだ。開高は目立ちたがり屋だったが、牧も輪をかけたように振る舞った。司馬夫人もそれに劣らない。遠藤周作夫人もなかなかに華やかだ。

作者は自己の作品を超えることはできない。これが必然だ。ならば、残された者は、作品をより

よい形で読者に提供するを第一で最後の任とすべきだろう。(裸者)　[1・31]

151 「脱工業化時代」は迷妄?

「脱パソコンの時代」に入った。携帯端末機が情報社会の主役になる、パソコンはその短い主役の座を譲り渡しつつある、しかし、携帯端末機もすぐに乗り越えられるだろう、という話が諸雑誌を賑わしている。技術評論家の唐津一はさらに一歩踏み込んで、「『脱工業化の時代に入った』などというのは真っ赤な嘘である」と断じる(『voice』00年3月号)。

たしかに、「これからは情報の時代で、モノをつくることは過去のもの」という意味で「脱工業化を使えば、唐津の批判は正しいだろう。モノの時代ではない、モノづくりなどはもう古い、などという俗論に冷水を浴びせる役割は果たすかもしれない。

しかし、「脱(ポスト=高度)工業化社会」とは、一九六〇年代に、D・ベル等によって、工業化の延長上で構想されたもので、エネルギー消費型産業から情報(インテリジェンス=知識、インフォメーション=情報)消費型産業への、財貨サービス経済からサービス経済への「重点」移行を特徴としていた。その社会がいま私たちの現前で進行している。唐津は、そんなことを承知の上でいっていると思われるが、あまりいいマナーとはいえまい。

それに、「脱パソコン時代」の到来というのも、私のように、パソコンを思考機械と考えるものにとっては、にわかに首肯しがたい意見だ。(真名)　[2・18]

152 「定説」のとまどい

自己開発セミナー「ライフスペース」の指導者高橋弘二の「定説」には、マスコミ陣も右往左往させられたに違いない。カルト集団の言説は、普通、「他者がどうであれ、われわれは正しいと信じる」という文法をもっている。最初から異説なのだ。ところが、高橋は、「私の言説が定説であり、あなた方こそ誤謬であり、無知である」という文法でやってきた。

だから、高橋が述べた「定説」がどんなにおかしく、異様に思えても、それを論破するには、正しい「定説」をその場で直ちに対置しなければならない。しかも、その正しい定説で視聴者や読者を納得させなければならない。それをできるマスコミ陣がどれほどいただろうか。

定説や常識は重要で、それを前提せずに私たちは安心して生きてはゆけない。しかし、世に「定説」や「常識」が溢れかえっているが、これまでどれほど多くの「定説」や「常識」なるものが誤りである、と判明してきただろうか。私だっていまのいままで「卵は血中のコレステロール値をあげる」というのを「定説」とみなしてきた。

定説とは「その専門の社会で正しいと広く認められている学説」（『新明解国語辞典』）のことだ。専門外の人にこれこそ定説である、と主張し、納得させることが、非常に難しいのも定説なのである。（低説）　［2・29］

153　愚策の英語教育

政府が「教育改革」を基本政策目標に掲げると、末期症状に陥った証拠だ、と小渕内閣を強く支持する人が顔を曇らせていった。その教育改革の目玉に、「会話」中心の英語教育の推進がある。符丁を合わせるように、小渕首相のブレーンたちによる「21世紀日本の構想」懇談会の報告書『日本のフロンティアは日本の中にある』が、英語を第二公用語とする方向性を提起した。

グローバルスタンダードの時代だ。世界「共通語」たる英語の壁を乗り超えるためには、英語を第二公用語化するほどの意気込みでやらないと、教育の中心を英語にシフトしないと、百年河清を俟つがごとしと感じられるだろう。しかし、松本健一が指摘したように、「経済・技術・情報が容易に国境を越える時代だからこそ、アイデンティティのしっかりした民族国家のみが国際社会に生き残れる」（産経新聞　00・2・26）のだ。

そのアイデンティティの中心に国語がある。英語を第二公用語化するというほどの意気込みは必要だろう。だが、学校が「会話」中心の英語教育をすると、明らかに日本語の力が落ちる。というのも、日本の学校には日本語教育はないからだ。かろうじて、英語の読解、作文を通じて日本語を磨くチャンスをもつのである。この読解、作文中心の英語教育を排して、会話中心にすると、英語力が廃れるだけでなく、日本語力が廃れる。小渕内閣の愚策中の愚策と見たい。（英誤）　［3・14］

154

鬼平の警察・司法改革

裁判で何かが解決したり、損害が回復したり、自分の権利を実現できると信じている人が世の中の大半かもしれない。しかし、他方に運命というものはある。できないことはできない。だからその運命を甘受させるのが、相談を受けた弁護士の本当の仕事かもしれない、と弁護士の山口宏はいう（『裁判の秘密』）。

まるで長い物には巻かれろ、と主張しているようだが、まじめな弁護士の本音だろう。なんでもかでも裁判に持ち込み、損害と権利回復を弁護士の力を借りて押し通さずばすまないという、アメリカの法律第一主義的心性には染まりたくない。世間の規範を第一にして生きたいものだ。

それはそうだが、警察の不祥事続発と裁判の遅滞には目に余るものがある。警察が情報開示に、裁判所が人材登用にまったく不熱心であったから、当然の結果ともいえよう。そこで、元日弁連会長で元整理回収機構社長として辣腕を振るった「平成の鬼平」と異名をとる中坊公平が内閣特別顧問として登用され、法曹と警察制度にメスを入れると伝えられる。「裁判官には弁護士も入れろ」、警察は「民事にもどんどん介入しろ」、機動隊の定員は半分でいい、などという異論も多くでるような意見をもつ中坊が、どこまでやるかは、期待半分というところだが、官僚の砦大蔵省にメスが入ったいま、最後の牙城警察官僚にメスが入り、政治の争点になることは歓迎したい。（小坊）［3・24］

あとがき

コラム集である。あえていえば「時代を読む」コラムだ。巻末を借りて、いくつか述べてみたい。

1　コラムの名手といえば（わたしの読書範囲でいうと）谷沢永一（1930〜2011）だ。先年、『谷沢永一二巻選集』（言視舎　2016）を編纂・上梓することができた。上は（直弟子の）浦西和彦編「精撰文学論」、下は（押しかけ弟子の）鷲田編「精撰人間通」である。下はすべて「コラム」であった。

先生は論壇デビュー作『紙つぶて』（「大阪読売新聞」1969・3・25〜72・10・5）から擱筆『巻末御免』（『Voice』1985・1〜2009・12）まで、途切れることなくコラム（形式）を書きつづけられた。そのコラムの中核を占めたのは書・評で、書評を一個独立の社会時評にまで高めたと評された。なにを論じても書物（と作者）の森がその背景にあるという体なのだ。

わたしも（谷沢先生を文字通り見習って）「文壇」（?・）デビュー作『書評の同時代史』（『月刊ナンバーワン』78・11〜81・2）から今日まで、書・評を中軸に、長短のコラムを書き続けてきた。本書は、そのなかで最もエキサイティングな激動期、平成前期＝二十世紀末を対象に、マスコミ新聞に連載したコラムを集成したものだ。

2　自分でいうのもおこがましいが、節目節目でかなりの数の「大冊」を書いてきた。ただし見かけは厚い「枕になるほどの本」だが、中身は「コラム」形式である。『昭和思想史60年』も『吉本隆明論』、『現代思想』『人生の哲学』しかり、全5巻10部の『日本人の哲学』またしかりだ。なんだ細切れの寄せ集めか、と思われるだろう。

だがこの非難を、直に「違う！」とはいいたくない。小説であろうが論文であろうが、牛の涎《よだれ》のようになにをいいたいのかわからない、読む人に苦痛のみを強いる文章、とりわけ内容空疎な長ぜりふには我慢できないからだ。長短にかかわらす、思うところをきちっと述べる、それが「文」の効用だからだ。

3　「ジャパン・アズ・ナンバーワン」といわれ「我が世の春」を謳歌した「バブル」期、二十世紀末」は、「(十九）世紀末」とは様子が異なって、たんたんと過ぎていくかに思われた。だがとんでもない思い違いだった。

昭和天皇崩御につづき、社会主義国が雪崩を打って自壊した。同時に日本のバブルが一気にはじけた。湾岸戦争が勃発し、日本は（PKOという名の）海外派兵に踏み切った。そしてポスト資本主義＝消費中心・情報社会へと本格突入したのだ。好むと好まないとにかかわらず、一気にグローバリズムの世界に突入していったのだ。

4　だがといいたい。「思想」研究を仕事とするものにとって、この大激動は願っても叶ってもないことであった。「現在」に無関心で済ますことができないだけでなく、「現在」を読み解く力が試されるからだ。

そんなときだ。マスコミそれも新聞からコラム連載の指名が入った。僻村に生れ育ち、当時は公共交通機関のない純過疎地に住んでいたわたしにである。新聞人との付き合いはない。じつに幸運であった。いな僥倖とよぶべきだったただろう。ネット社会のたまものでもあった。それに、一紙で連載が終わると、時をおかず別紙から指名を受けるという具合になった。結果、できあがったのが本書、一九九〇年代全般にわたる「時代を読む」コラム集だ。

5　わたしが目するのは、一片《ワンピース》一片に集中すること、とくに「現在」＝「いまある変化」を記すことだ。結果、各片の寄せ集めが、たんなる断片の集積ではなく、大きな図柄＝時代の変貌図を示しえている、という希望だ。めざすものと結果との距離、これがコラム（集）の面白さであり、危ういところでもある。ジグソーパズルのようにぴたーっとはゆかない。読者の審判に委ねるほかない。

最後に指名いただいた編集諸氏に、一人だけ特記すれば北海道新聞の谷口孝男氏には、深甚の意を表したい。ありがとう。

２０１８年９月５日　郷里厚別に戻って　　鷲田小彌太

[著者紹介]

鷲田小彌太（わしだ・こやた）

1942年、白石村字厚別（現札幌市）生まれ。1966年大阪大学文学部（哲学）卒、73年同大学院博士課程（単位修得）中退。75年三重短大専任講師、同教授、83年札幌大学教授、2012年同大退職。

主要著書　75年『ヘーゲル「法哲学」研究序論』（新泉社）、82年『書評の同時代史』86年『昭和思想史60年』90年『吉本隆明論』（以上　三一書房）、91年『大学教授になる方法』（青弓社）、96年『現代思想』（潮出版社）、2007年『人生の哲学』（海竜社）、2012年（〜17年　全5巻全10部）『日本人の哲学』15年『山本七平』17年『生きる力を引き出す 超・倫理学講義』『【最終版】大学教授になる方法』（以上 言視舎）ほか、ベストセラー等多数。

本文DTP制作………勝澤節子

編集協力………田中はるか

装丁………山田英春

大コラム 平成思潮

時代変動の核心をつかむ

発行日❖2018年9月30日　初版第1刷

著者

鷲田小彌太

発行者

杉山尚次

発行所

株式会社言視舎

東京都千代田区富士見2-2-2 〒102-0071

電話03-3234-5997　FAX 03-3234-5957

http://www.s-pn.jp/

印刷・製本

中央精版印刷㈱

ISBN978-4-86565-129-4 C0036